Geschichten aus dem Busch

Ingbert Dawen

Geschichten aus dem Busch.

Meine Erlebnisse als Entwicklungshelfer in Uganda

Ingbert Dawen

Geschichten aus dem Busch

Meine Erlebnisse als Entwicklungshelfer in Uganda.

Herstellung:
BoD – Books on Demand, Norderstedt
ISBN 978-3-7347-7222-1

Impressum:

Bibliografische Information der Deutschen Nationalbibliothek: Die Deutsche Nationalbibliothek verzeichnet diese Publikation in der Deutschen Nationalbibliografie detaillierte bibliografische Daten sind im Internet über www.dnb.de abrufbar.

Copyright © 2015 Ingbert Dawen

Herstellung:
BoD – Books on Demand, Norderstedt

ISBN 978-3-7347-7222-1

Inhaltsverzeichnis:
Uganda
Kampala
Unterwegs
Lwala
Der Zaun
Das Fischen
Der Gesandte des Papstes
Die Kirche
Both sides of the Story
Das Skelett
Lake Kyoga
Angriff der Insekten
Die Polizei
Die Plage
Die Einladung
Der Parasit
Der Monolith ohne Hoffnung
Das Krankenhaus
Livingstone, oder das zweite Huhn
Beim Fleischer
Gulu – Murchenfalls
Murchenfalls – Nationalpark
Die Buschtaufe
Die Hochzeit
Die Katze
Ruanda
Ntarama
Die Tarnjacke
Der Muzungu
Die Menschen
Mbale
Die Bauarbeiten
Schlange und Leguan
Ssese Islands – Kalangala
Der Chickencup
Der Bischof, oder prey, or brew
Das Schein, die Ziege und die Hühner, oder von einem der Auszog
Die sieben Plagen, oder Gottes vergessener Kontinent
Zur Entwicklungshilfe

Uganda!?
Es war schon immer mein Wunsch, fremden Menschen als Entwicklungshelfer zu dienen. Durch eine Bewerbung bei Cap Anamur, gelangte ich schließlich in das entlegene Buschkrankenhaus in Lwala.

Meine ersten Wochen in dieser fremden Kultur waren schwer für mich. Sehr schwer! Ich dachte oft daran, das Projekt abzubrechen, aber die Dankbarkeit und die Anerkennung der Menschen vor Ort spornten mich jeden Tag aufs neue an und so wurden die sechs Monate zu einem einzigen Abenteuer und die Monate wurden zu der schönsten Zeit in meinem ganzen Leben.

Ich habe Spuren in Lwala hinterlassen, aber noch tiefere Spuren hat Lwala in mir hinterlassen.

Dieses Buch berichtet über meine Erlebnisse und Abenteuer, aber auch von den vielen Menschen, die ich dort schätzen und zu lieben gelernt habe.

Kampala:
Kampala ist die Hauptstadt Ugandas und für mich die erste Station in meiner neuen Heimat. Die Luft riecht nach Afrika. Es ist eine Mischung aus Kanal, Qualm und den Geruch der roten Erde, die es hier fast überall gibt. Dieser Geruch ist einzigartig für Afrika!
Die Nächte sind schwül und warm und voller Geräusche, denn diese Stadt schläft nie!
Heute waren einkaufen. Was hier etwas seltsam erscheint ist, dass man vor der dem betreten eines Supermarktes durchsucht wird (alle). Ebenfalls stehen vor den meisten Supermärkten bewaffnete Sicherheitsbeamte. Überhaupt sind hier an allen Straßenecken Waffen zu sehen.
Heute haben wir verschiedene Besorgungen in der Hauptstadt gemacht. Auf den Straßen ist immer Stau und es werden verschiedene Dinge von Straßenhändlern Angeboten: Ferngläser, Schuhe, Klopapier und vieles mehr.
An den Ampeln und Straßenkreuzungen, wo der Verkehr zum erliegen kommt, stehen junge Frauen und Mädchen mit Babys auf den Armen und betteln die Autofahrer direkt an. Meine Mitarbeiterin Tasneem erzählt mir, dass die jungen Mädchen sich die Kinder oft nur ausleihen, um somit mehr Mitleid zu erregen und somit an mehr Geld zu kommen. Wir treffen heute auch auf Katrin, unsere neue Ärztin. Diese ist jetzt seit zwei Wochen in Uganda. Sie erzählt uns von einem Erlebnis, welches Sie heute unterwegs hatte. Auf dem Weg zu uns, passierten Sie eine Stelle, an der ein Dieb eine Ziege geschlachtet hatte. Zu seinem Pech wurde der Dieb gefasst, gefesselt und anschließend wurde ihm die Kehle durchgeschnitten. Katrin sah den Unglücklichen neben der toten Ziege am Straßenrand liegen. Da die Bevölkerung hier wie Pech und Schwefel zusammen hält, ist die Polizei meistens machtlos. Ein Menschenleben zählt hier oft nicht mehr, als das einer Ziege. Krass!

Unterwegs:
Auf meiner Fahrt von Kampala bis Lwala benötigen acht Stunden für 350 km, ich dachte mir, es gibt nichts schlimmeres, als die Straßen und der Straßenverkehr in Afrika, aber es gibt noch was Schlimmeres und das ist der Straßenverkehr in Afrika bei Nacht! Straßenbeleuchtung gibt es keine! Beleuchtung der Fahrzeuge meistens Fehlanzeige. Die Fahrräder schwarz und ohne Licht und die Menschen, die drauf sitzen, sowieso und zu allem Übel sieht man die Schlaglöcher nachts noch schlechter, als am Tag!

Heute hatte ich mein erstes Tief, denn kein Tag hat hier weniger als 10 Arbeitsstunden. Heute waren es sogar 13.

Ich frage mich dann oft, warum Scheiß!? Wirf doch einfach alles hin und flieg wieder nach hause. Aber dann schaust du in ein lachendes Kindergesicht und alle Strapazen und Bedenken sind verflogen und du machst weiter, weil du weiter machen musst und weil da keiner ist, der es sonst macht, wenn nicht du.
Bei uns ist zur Zeit Regenzeit und wir haben teils sehr heftige, sinnflutartige Regenfälle.

Ich stelle mir dann die Menschen mit Ihren kleinen Kindern in Ihren Lehmhütten vor. Ich denke dann an die drei kleinen Schweinchen, die sich ein Häuschen gebaut haben. Eins ist aus Stein, in dem sitzen wir. Das zweite ist aus Holz, in dem sitzen die Doktoren und das dritte ist aus Stroh. In dem sitzen die Arbeiter und Bewohner. Jeder kennt die Geschichte, aber hier ist es mehr als eine Geschichte, hier ist es Realität und ein täglicher Kampf ums Überleben.

Lwala:
Ich habe mein erstes Wort auf Kumam gelernt. Dieses Wort höre ich oft am Tag und das Wort heißt „apoya„ (Danke). Fremde Menschen rufen mir dieses Wort oder ein einfaches well done (gut gemacht) nach.

Es spornt mich an, denn diese Worte geben mir ein gutes Gefühl und das Bewusstsein, das Richtige zu tun.

Ich habe eben erfahren, dass gestern Abend, als das der Strom durch das große Unwetter bei uns war, eine Frau in der Notaufnahme gestorben ist, weil der Notstromgenerator keinen Sprit mehr hatte, um den nötigen Strom zu produzieren. Ich kann es kaum glauben! Fünf Liter Sprit können hier ein Leben retten! Echt verrückt!

Die Leute, die hier unter meiner Anweisung arbeiten, sind überraschend gut. Sie sind zwar nicht so schnell, wie bei uns, aber man muss wissen, dass ein Hilfsarbeiter umgerechnet nur zwei Euro am Tag verdient und eine Fachkraft fünf. Außer Ihrem Tagelohn bekommen die Arbeiter zwei bis drei Mahlzeiten am Tag. Die Arbeiter, die von Außerhalb kommen erhalten außerdem noch eine Unterkunft von uns gestellt. Das hört sich jetzt für unsere Verhältnisse recht wenig an, aber dort zählen ein sicheres Einkommen und Verpflegung sehr viel und so stehen jeden Morgen Arbeiter vor unserem Tor, die um Arbeit bitten, die ich aber leider abweisen muss, da wir schon an unsere Kapazitäten gestoßen sind.
Oft habe ich den Eindruck, dass wir hier auf einem verlorenen Posten Kämpfen. Katrin unsere Ärztin, Tasneem unsere Krankenschwester und ich gehen bis zum äußersten. Wir arbeiten jeden Tag 11–12 Stunden und trotzdem gibt es immer noch so viel zu tun.
Ich habe hundert Baustellen gleichzeitig und nehme in fünf Wochen zehn Kilo ab!
Das Krankenhaus in dem Katrin arbeitet ist in einem desolaten Zustand und ist vergleichbar mit einem Kuhstall bei uns.
Es ist so überfüllt, dass die Patienten teilweise auf dem Flur, oder sogar draußen schlafen müssen. Katrin ist unsere Kinderärztin und unterstützt das lokale Ärzteteam bei den anstehenden Geburten. Tasneem ist zuständig für die Administration und managt alles bis ins Detail.

Wir sind ein starkes Team, aber wir sind auch nur Menschen.

Das einzige, was uns alle anspornt ist die sichtbare Dankbarkeit die uns entgegen kommt und das wir wissen, dass wir den Menschen hier Hoffnung geben.

Wir können die Menschen hier nicht ihrem Schicksal überlassen, denn wenn wir hier abziehen wird alles kollabieren und zusammen brechen.

Der Zaun:
Unsere Unterbringung hier ist sehr spartanisch und das Essen sowieso. Unser Haus besteht aus einem Gemeinschaftsraum und einer kleiner Küche. Jeder von uns besitzt sein kleines Zimmer mit einem Stuhl, einem Tisch und einem Bett. Des weiteren haben ein kleines Bad, mit einem alten WC und einer Dusche mit Regenwasser. Fernsehen, oder Radio gibt es nicht und unser Trinkwasser beziehen wir aus einem Brunnen, welches uns jeden Tag von unserem Wasserträger Charles gebracht wird. Auch wenn es uns sehr einfach vorkommt, so bedeutet es für die Bewohner hier doch den puren Luxus!

Unser Gebäude ist von einem hohen Zaun umgeben und es ist nur dieser Zaun, der den Unterschied macht.

Es ist oft nur ein Zaun, der den Unterschied in unser aller Leben macht! Zwischen arm und reich, Freiheit und Zwang, sozialer Absicherung und Verwahrlosung.

Es gibt viele dieser „großen Zäune,, die wir alle kennen. Da sind zum Beispiel:

Mexiko – USA

Tahiti – Dominikanische Republik

Spanische Enklaven in Afrika

Aber wir brauchen gar nicht so weit zu gehen. Das beste Beispiel hatten wir direkt vor unserer Haustür BRD – DDR.

Die Macht dieser „ Zäune „ wird mir hier auf dieser kleinen Wiese, mitten im Herzen von Afrika erst so recht bewusst!

Wir wissen alle, dass es diese „Zäune,, gibt, aber sie interessieren uns nur sehr wenig, denn sie sind weit weg, wir haben unsere eigenen „Probleme,, und was am wichtigsten ist, wir leben auf der „angenehmen Seite „ des Zauns.

Das es diese „Zäune,, gibt, ist mir noch nie so sehr bewusst geworden wie hier, weil ich hier jeden Tag direkt damit konfrontiert werde. Aber es gibt nicht nur die großen „Zäune,, dieser Welt! Es gibt noch tausend kleinere und das sind oft die schlimmsten, denn hier ist die Not am größten und diese geraten sehr leicht in Vergessenheit!

Es sind die echten Zäune um die Flüchtlingslager und um die Townships überall auf der Welt! Darfour, Syrien, Libyen, Lateinamerika, Philippinien, Afghanistan, ganze Regionen in Afrika!

Über diese „Zäune der Welt" hinweg, haben viele von uns ihre eigenen „Zäune" in Ihren Herzen und Köpfen errichtet.

Es gibt „Zäune" für Andersgläubige, Farbige, Behinderte, Arbeitslose, Obdachlose, ……

Bevor wir es nicht schaffen, diese Zäune in unseren Köpfen und Herzen einzureißen, werden wir es nie schaffen, einen der kleinen oder gar einen der großen Zäune dieser Welt einzureißen!

Das Fischen:

Heute hatte ich nach 18 arbeitsreichen Tagen meinen ersten freien und schönen Tag. Ich konnte einen unserer Arbeiter, Pastor Samba dazu überreden, dass wir zum Fischen gehen. Er kam zwar zwei Stunden später als vereinbart, aber das ist in Afrika nur ein klein wenig zu spät.

Angelo ein weiterer Arbeiter von uns wollte auch gleich mit und so sind wir dann zu dritt los gezogen.

Die Fahrt ging eine halbe Stunde quer durch tiefstes Buschland und dann endlich kamen wir bei Pastor Sambas Clan an. Seine halbe Familie war um ein paar Strohhütten versammelt und wir wurden begeistert begrüßt und empfangen. Anschließend wurden wir von einer Schar Kindern umringt, die alle den großen Muzungu, den Weißen, sehen wollten.

Zum Glück hatte ich meine „Zauberjacke„ dabei in deren Taschen ich immer kleine Spielzeuge für die Kinder versteckt habe. Als ein kleiner Junge auf mich zukam, holte ich einen bunten Luftballon aus meiner Tasche und begann diesen aufzublasen.

Der kleine Junge ist darauf hin schreiend weg gerannt, weil er so was noch nicht gesehen hat und Angst hatte. Darüber hat dann das ganze Dorf gelacht! Ich aber kam mir irgendwie wie ein Außerirdischer vor!

Anschließend sind wir dann los gezogen zum Fischen. Der „big lake„, von dem Pastor Samba erzählt hat, stellte sich nur als ein kleiner Tümpel raus, aber egal! Ich wollte ja die „big fishs„ fangen, von denen Pastor Samba soviel erzählt hat!

Meine Ausrüstung war natürlich der Hammer! So was gibt es hier nicht! Was wir dann gefangen haben, waren nicht die biiiig fiiiishs, sondern ein paar kleine Fische, zu vergleichen mit den Barschen bei uns zu hause, aber der Spaßfaktor war garantiert, denn ich habe Pastor Samba, Angelo und ein paar der Kinder mit meinen Ruten angeln lassen.

Könnt ihr euch vorstellen, wie es aussieht, wenn einer einen Fisch fängt, der noch nie eine Angel in der Hand hatte!?

Die biiig fiiishs habe ich alle den Leuten des Dorfes geschenkt, die natürlich auch ihren Spaß mit dem Muzungu hatten. Zum Abschied habe ich dann noch ein lebendiges Huhn geschenkt bekommen, was hier eine große Ehre ist, welche nur noch durch das Geschenk einer lebenden Ziege übertroffen werden kann. Durch diese Geste habe ich mich sehr geehrt gefühlt und ich weiß, dass ich das richtige tue. Das Huhn erhielt von mir den Namen Rita, weil es genauso schwarz war und die gleiche Frisur hat, wie Rita unsere Köchin.

Der Gesandte des Papstes:

Am Donnerstag kommt ein Gesandter vom Vatikan in unser Projekt. Das Projekt, für das ich arbeite beinhaltet das alte Buschkrankenhaus und einen Konvent, in dem noch einige Schwestern arbeiten. Die Schwestern, die beiden Priester Father Denis und Father Simon und die Ärzte im Krankenhaus sind schon alle über den hohen Besuch ganz aufgeregt. Ich habe am Donnerstagmorgen ebenfalls eine Audienz mit unseren Priestern und mit dem Vertreter aus dem Vatikan. Ich soll Ihn über die Anlage führen und Ihn in über unsere nächsten Baumaßnahmen informieren und darüber hinaus, was in der Zukunft noch so alles geplant ist. Das wird eine große Ehre für mich werden. Ich wünschte nur, dass mein englisch etwas besser wäre.

Heute war ein großer Tag für unser Krankenhaus und den Konvent, denn heute kam der Bischof und der Gesandte des Vatikans zu uns zu Gast und beide hatten schon von mir gehört. Als sie bei uns angekommen sind, wurden beide von einem riesigen Zug von singenden und tanzenden Menschen umringt. Bei Ihrer Ankunft habe ich beiden die Hand geschüttelt und anschließend habe ich zusammen mit dem Festzug getanzt und gesungen. Alles in allem war es sehr feierlich! Nach der Besichtigung unseres Krankenhauses folgte dann eine feierliche Messe im Freien mit dem Bischof, dem Gesandten des Papstes und verschiedenen Priestern. Die anwesenden Frauen breiteten Ihre Tücher auf den staubigen Wegen aus, damit die Schuhe des hohen Gastes nicht mit dem Schmutz der Straße in Berührung kommen. Der Respekt und die Demut der Gläubigen ist hier allgegenwärtig und wird offen gelebt. Nach der Messe war unser Team zum Essen mit dem hohen Besuch eingeladen, aber leider war meine Zeit zu knapp, weil ich noch in die nächste Stadt fahren musste, um Baumaterial kaufen. So habe ich das gute Essen leider verpasst. Der Bischof wollte mich dann noch nach meiner Rückkehr persönlich begrüßen und kennen lernen, aber wir haben uns leider um wenige Minuten verpasst. Das hat mir persönlich sehr leid getan, aber ich bin hier für den reibungslosen Ablauf der Arbeiten und für meine Männer verantwortlich. Hinter jedem meiner Arbeiter steht eine ganze Familie, die versorgt werden will und das hat für mich Priorität.

Die Kirche:

Es ist Sonntag und Eva und ich gehen das erste Mal hier in die örtliche Kirche. Ich habe erwartet, dass es hier anders ist, als bei uns, aber so hätte ich es mir nicht vorgestellt! Womit soll ich anfangen!? Als erstes hat die Messe fast drei Stunden gedauert, aber das war nicht das außergewöhnliche. Das außergewöhnliche war die Messe an sich selbst.

Man darf sich die Messe nicht vorstellen, wie bei uns, denn es liegen Welten dazwischen

Die Kirche hier lebt und es ist ein Gottesdienst mit Tanz, Gesang, jodeln und lachen und die Gemeinde wird aktiv mit einbezogen. Die Kinder müssen auch nicht still sitzen, wie bei uns. Es stört niemanden, wenn die Kinder zwischen der Predigt im Flur umher gehen, oder krabbeln, wenn sie noch etwas zu klein sind. Eva und ich wurden während der Messe persönlich angesprochen und begrüßt und uns wurde für die Arbeit, die wir hier verrichten gedankt. So was tut einem echt gut! Während der Messe ging natürlich auch eine Kollekte rund, aber nicht so wie bei uns! Nein! Denn das wäre ja zu einfach gewesen! Die Kollekte ging gleich dreimal an uns vorbei, damit auch ja jeder, der einen Schilling in der Tasche hat etwas rein wirft! In Erinnerung wird mir jedoch bleiben, als ein Schwarm Perlhühner in die Kirche geflattert kam und laut angefangen hat zu gackern. Das hat aber keinen dabei gestört und die Hühner auch nicht! Die nahmen alles ganz gelassen hin und haben es sich unter einer Kirchenbank gemütlich gemacht. Dann kam eine Szene, die ich wohl nie in meinem Leben vergessen werde. Als der Pfarrer mitten in seiner Andacht war, ist eine Herde von sechs Perlhühnern durch den Hauptgang auf ihn zu gewatschelt und ist minutenlang direkt vor Ihm stehen geblieben und hat ihm zugehört. So, als wollten sie als Geschöpfe Gottes an der frohen Botschaft teilhaben. Es war echt der Hammer. Es war nur schade, dass ich so wenig von der Predigt verstanden habe, denn Sie wurde in der Landessprache Kumam abgehalten.

Both sides of the story....

Ich befinde mich jetzt seit fast vier Wochen als Entwicklungshelfer in Uganda Einem Land im Zentralen Afrika und es ist Zeit ein erstes Resümee zu ziehen.

Uganda!? Was wusste ich darüber? Was wusstet Ihr darüber? Nichts, oder fast nichts. Einige wussten wahrscheinlich, dass es dort mal einen großen Völkermord unter Idi Amin gab und das es dort den großen Victoriasee gibt, oder zumindest liegt er dort irgendwo.

Uganda zählt zu den ärmsten Ländern der Welt und das pro Kopf Einkommen ist äußerst gering. Die Kinder Sterblichkeit ist sehr hoch und die HIV Rate liegt bei 20 %. Ein normaler Arbeiter verdient hier zwei Euro am Tag und eine Fachkraft vier Euro. Das ist sehr wenig, wenn man bedenkt, dass die normalen Güter des Lebens, außer lokalem Obst und Gemüse, genauso teuer und oft noch teurer als bei uns sind, denn alles muss hier Importiert werden. Industrie, oder Traktoren für die Landwirtschaft gibt es nicht. Alles wird von Hand gemacht, so wie bei uns vor über hundert Jahren.

Das sind alles keine gute Grundlagen, um hier Entwicklungshilfe zu leisten, oder aber gerade aus diesem Grund ist es wichtig, dass ich, dass wir das Team von Cap Anamur hier sind und den Menschen hier Hoffnung geben.

Wir arbeiten zusammen an dem Aufbau und der Renovierung des Krankenhauses in Lwala.

Lwala ist ein kleiner Ort im tiefsten Binnenland, aber Lwala hat aber ein riesiges Einzugsgebiet, denn die Krankenhäuser sind hier sehr dünn gesät und nicht mit unseren zu vergleichen. Bei weitem nicht!

In den vier Wochen hier habe ich schon soviel gesehen und erlebt, dass es ein ganzes Bücherregal füllen könnte! Jeder Tag ist ein neues Abenteuer und in meinem Kopf schwirren so viele Gedanken und Eindrücke, dass ich jeden morgen schon um 5:30 Uhr wach werde.

Aber zurück zum Anfang! Ich arbeite hier mit Menschen zusammen, denen ich früher mit Misstrauen und auch mit etwas Überheblichkeit begegnet wäre. Meine Einstellung hat sich aber rapide geändert! Die Menschen hier sind freundlich und sehr hilfsbereit. Sie arbeiten hart und stehen zu ihrer Familie und die Familie sind hier nicht nur die Kinder, sondern Bruder, Schwester, Onkel, etc. Familienzwist und Streitigkeiten in der Familie sind hier undenkbar, denn hier hält man zusammen.

Die Menschen nehmen sich Zeit. Zeit, um mit Ihren Bekannten und Freunden zu reden. Man nimmt sich Zeit und spricht miteinander und wenn es mal etwas länger dauert, hakuna matata (kein Problem).

Man kennt sich. Das ganze Dorf kennt sich und hier möchte ich ansetzen.

Bin ich es nicht, der Entwicklungshilfe von den Leuten hier gebrauchen kann? Kann ich nicht hier etwas lernen, was ich und wir alle schon längst verloren haben!?

Wann haben wir uns das letzte Mal mit einem guten Bekannten eine halbe Stunde auf der Straße unterhalten? Einfach nur so, weil wir froh wahren, ihn zu sehen und ehrlich wissen wollten, wie es ihm und seiner Familie geht !? Wann haben wir das letzte Mal einen wild fremden Menschen angesprochen, ihm ein Lächeln geschenkt und gefragt: "Hey! Wo kommst du her? Was hat dich hierher verschlagen!?".

Wann haben wir das letzte Mal mit einem Türken, einem Chinesen, oder einem Afrikaner ein paar Worte gewechselt? Einfach nur so!? Kennen wir die Menschen, die in unserer Nachbarschaft wohnen? Wissen wir, was Sie Arbeiten und wie deren Kinder heißen?

Entwicklungshilfe! Was ist das!? Geht es darum die Wirtschaft und die Industrie. zu entwickeln, oder uns, die Menschen und die Menschlichkeit!?

Jede Geschichte hat zwei Seiten.

Das Skelett:

Immer, wenn du denkst, es kann nicht mehr schlimmer kommen, dann wirst du gleich eines besseren belehrt! Heute habe ich wieder meine Lektion erhalten.

Also! Hier wird nichts weg geworfen, weil einfach alles teuer ist. Alles Gebrauchte wird wieder verwendet! Einfach Alles! Alte Ziegelsteine, alte Rohre, alte Kabel, altes Bauholz und Fahrzeuge sowieso! Aber das!? Das hätte ich nie geglaubt! Selbst Menschliche Körper werden wieder verwendet! Das ist kein Witz, denn über so etwas macht man keine Scherze! Katrin unsere Ärztin hat mich heute in einen Nebenraum des Krankenhauses geführt, weil sie dort einige Arbeiten gemacht haben wollte und dort stand es, oder er, oder sie! Es war ein Menschliches Skelett, so wie es bei uns aus Plastik fast in jedem Ärztezimmer steht, aber das hier war echt!

Ein echter Mensch! Na ja! Eben das, was noch von ihm übrig war. Selbst die Schädeldecke war aufgeschnitten und an den Gelenken hingen noch die Sehnen dran! Weil ich es einfach nicht glauben konnte, habe ich extra noch mal bei Dr. Katrin nachgefragt und sie hat mir meine Beobachtung bestätigt! So was finde ich echt krass. Ich habe versucht, ein Foto mit meinem Handy zu machen, aber das Licht war sehr schlecht in dem Zimmer. Vielleicht frage ich Katrin, ob ich die Tage noch mal in diese Gruselkammer gehen kann.

Lake Kyoga:

Heute brechen wir früh auf, denn es geht zum Angeln an der See Kyoga. Ich bin seit fünf Uhr auf den Beinen, denn wir wollen alle spätestens um sechs Uhr los.

Wir, dass sind Pastor Samba, Josef unser Fahrer, der Hüne Michael unser Gras Lieferant, nein, nicht das zum rauchen, sondern für unsere Grasdächer, Angelo unser Klempner, Amie unser Koch für unsere Arbeiter und ich. Als wir alle zusammen haben, ist es bereits halb acht, aber in Afrika tickt die Uhr eben anders, als bei uns.

Es geht über rote Schotterpisten in Richtung See. Die Piste ist mit unzähligen Schlaglöchern übersät und obwohl Josef ein super Fahrer ist, so heben die Jungs auf der Pritsche des Pick-ups doch mehrmals ab.

Entfernungen in Afrika sind etwas anderes, als bei uns. Not so far (nicht so weit) heißt hier drei Stunden Fahrt und mehr. Als wir ankommen ist es bereits nach zehn Uhr!

Pastor Samba hat eine große Familie und auch hier am See lebt eine Schwester von ihm. Man muss sich natürlich „Hallo" sagen und sich begrüßen. Das ist halt in Afrika so und man ist als Fremder auch gleich willkommen.

Nach der Begrüßung ging es endlich zum See. Aber hier gab es dann noch eine Hürde zu bewältigen. In einem Schuppen saß ein

„Officer" der Fischereibehörde, der ziemlich finster drein schaute, als er mich sah. Er fragte mich grimmig, wo ich her komme und warum ich fische. Als ich Ihm sagte, ich fische aus Spaß und zum Hobby, dachte er, ich würde ihn nicht ernst nehmen, denn nur fischen zum Spaß und zum Hobby gibt es hier nicht, hätte ich eigentlich wissen müssen. Danach kam dann die Frage, ob ich einen Angelschein habe!? Klar hatte ich den, aber in ganz Uganda braucht man so etwas nicht und ich glaube, Deutschland ist das einzige Land, in dem man so etwas überhaupt benötigt. Also Pattsituation! Dann fragte er mich, womit ich den fischen wolle und ich sagte Ihm, dass ich das mit meiner Angelrute machen möchte. Daraufhin kam dann von Ihm die Frage, was das denn bitte schön sei!? Als ich dann meine Rute auspackte, war ich von einer riesigen Menschmenge umringt, denn so etwa hat man hier noch nie gesehen.

Natürlich wollte er auch wissen, wie sie funktioniert. Ich machte die Angel also startklar und machte einen Probewurf an die 80 m quer über die große Wiese hinweg. Alle wahren begeistert und haben große Augen gemacht. Zuletzt fragte er mich dann, welchen Köder ich zum Fischen benutzen möchte. Daraufhin gab ich ihm zur Antwort: Würmer, Blinker, Wobbler und Twister. ??????? So in etwa sah sein Gesichtsausdruck aus. Also! Angelkiste auf und raus mit dem Zeug. Auf einmal wurde es ganz schwarz um mich, wie in der tiefsten Nacht! Zuerst dachte ich an eine Sonnenfinsternis, aber nein! Ich war komplett von schwarzen Gesichtern eingekreist, denn alle wollten die Blinker, Gummifische und Wobbler sehen. Denn so was gibt es hier natürlich auch nicht! Von oben die großen und von unten die kleinen Gesichter.

Als der Chef dann alles „geprüft" hatte, durften wir dann endlich unter dem Blick des ganzen Dorfes mit einem Boot raus zum fischen fahren. Leider war uns nur ein kleines Fischlein an diesem Tag vergönnt, denn selbst die beste Technik nützt nichts, wenn......

Ich glaube, selbst die Fische kannten unsere Köder nicht!

Zum Abschied wurden wir dann noch alle Mann von Pastor Sambas Familie zum Essen eingeladen. Gastfreundschaft wird groß geschrieben in diesem Land und es wurde reichlich aufgetischt, denn man will sich ja vor seiner Verwandtschaft nicht lumpen lassen.

Am nächsten Sonntag gehen wir an einen anderen See, denn irgendwann fange ich noch meinen biiiig fish!

Die Hoffnung stirbt bekanntlich zuletzt.

Angriff der Insekten:

Auf unserem Gelände haben wir zwei Storerooms. Einer für unsere Werkzeuge und einer für allerlei Kram. In dem Storeroom für allerlei Kram schlafen unsere Hühner, weil ich unser neues Hühnerhaus aus Mangel an Zeit und Mangel an Baumaterial noch nicht fertig stellen konnte.

Vor zwei Wochen haben wir einen neuen Hahn bekommen, weil der Junge es nicht „bringt„. Nun! Unsere Hühner scheinen von Ihm begeistert zu sein, denn zwei von unseren Hühnern haben in unserem Storeroom bereits mit dem brüten angefangen. Wir haben Ihnen schöne Nester auf dem Boden gebaut, damit sie es schön gemütlich haben und wir, speziell für Katrin und Eva, die sich Babys wünschen, endlich Nachwuchs bekommen.

Die Sache lief jetzt seit gut einer Woche wunderbar! Die Hennen hatten viele Eier im Nest und waren fleißig am brüten.

Bis zu dieser Nacht!

Früh am Morgen wurde ich von einem unserer Arbeiter zum Storeroom gerufen. Dort bereitete sich mir ein Bild des Schreckens! Alle Eier waren auf dem Boden zerstreut und teilweise kaputt, die Nester zertreten und die Hühner lagen teilweise wie bekifft auf der Wiese herum. Der Grund hierfür war eine riesige Armada von Ameisen. Die hockten zusammen auf einem Klumpen, so groß, wie ein Fußball und es führten riesige Ameisenstraßen zu dem Klumpen und davon weg.

Unsere Hühner sind nachts von den Ameisen angegriffen und mehrfach gestochen worden. Das war der Grund, warum sie so bekifft ausgesehen haben. In ihrer Panik haben sie die Nester zertrampelt und ihre eigenen Eier zerstört. Der Ameisenplage sind wir dann mit Parafin und Insektenkiller begegnet.

Das mit unserem Nachwuchs war es dann jetzt mal fürs erste.

Insekten und speziell Ameisen sind hier einige riesige Plage, aber hierzu später mehr.

Die Polizei:

Auf den Straßen Ugandas gibt es viele Verkehrskontrollen und Polizeistationen. Einige Polizisten haben hier sogar Speedguns, denn die hiesige Polizei weiß auch, womit man schnelles Geld machen kann und die Strafen für Temposünder sind ziemlich hoch.

Die Hauptstraßen in Uganda sind gut befahrbar, denn es gibt nur sehr wenige Autos und die Ortschaften liegen meist abseits der Straße. Das einzige, was den Verkehr hier behindert, sind Ziegen, Kühe und die vielen Hühner auf der Straße. Ansonsten heißt es freie Fahrt für freie Entwicklungshelfer.

Heute ergab es sich, dass ich mit unserem Ambulanzwagen in den Nachbarort Dokolo fahren musste, um diesen dort aufzutanken. Da ich viel zu tun hatte und die Ambulanz neu ist und viele Pferde unter der Haube hat, gab ich Gas, denn es war ein schöner Tag und keine Ziegen auf der Straße, die mich ausbremsten. Plötzlich kam eine Polizistin wild winkend mit einer Speedgun aus der Hecke gesprungen und ich dachte schon:"Scheeeeiße! Auch das noch!" Ich habe den Rückwärtsgang eingelegt und bin ganz langsam zurück gefahren. Als ich dann auf gleicher Höhe mit der Polizistin war, kam diese auf mich zu und ich glaube sogar einen kleinen Anschein von Röte in Ihrem Gesicht erkannt zu haben, soweit das bei Farbigen überhaupt möglich ist, als Sie zu mir sagte:"Hallo! Es ist alles o.k.! Ich wollte nur freundlich sein und habe Ihnen gewunken!" Hm! Die Polizei, dein Freund und Helfer! Na klasse! Als ich dann auf der Rückfahrt von Dokolo war, stand die nette Polizistin auf der anderen Fahrbahnseite und winkte mir wieder fröhlich zu und lachte dabei. Diesmal habe ich freundlich zurück gewunken und auch gelacht. Das war meine angenehmste Polizeikontrolle, in die ich je geraten bin.

Die Plage:

In Uganda herrscht im Moment die Regenzeit und es kommt des Öfteren zu starken Regenfällen, so wie z. B. gestern und heute. Das ist aber ein Segen für die Menschen hier, denn sie leben ja von der Landwirtschaft und beziehen einen großen Teil Ihres Wassers aus Regenwasser.

Uns geht es bei den Regenfällen ganz gut, denn wir sitzen in einem massiven Haus, mit Türen und Fenstern. Diese Fenster und Türen sind aber nicht so, wie bei uns! Diese sind undicht und der Wind pfeift durch die Ritzen. Das ist ja auch gut so, denn in Afrika ist es heiß und so bekommt man eine automatische Lüftung des ganzen Hauses gewährleistet. Diese Undichtigkeit hat jedoch auch einen riesigen Nachteil! Insekten!

Gestern Abend, als wir unser Abendessen zu uns nahmen, bemerkte Katrin plötzlich, dass ein riesiger Schwarm kleiner Spinnen unter unserer Haustürschwelle ins Haus krabbelt. Diese haben wir dann versucht, mit unseren Füßen tot zu treten, denn unsere Dose Insektenspray „Doom" hat der Zimmermann diese Woche schon verbraucht, um eine Kolonie bats (Fledermäuse) unter dem Dach des Krankenhauses zu vertreiben. Wir standen also ohne „Waffen" da. Das einzige, was uns blieb, waren unsere Füße und Improvisation. Zu den kleinen Spinnen gesellten sich plötzlich auch noch kleine Grashüpfer und der ganze Boden fing an zu krabbeln und zu hüpfen. Um die alle tot zu treten, waren es einfach zu viele. Dann kam plötzlich noch eine Invasion von Ameisen hinzu! Es war, wie in einem Horrorfilm! Ameisen, Spinnen und Grashüpfer besiedelten unser Wohnzimmer, obwohl die doch gar nichts miteinander zu tun haben und sich eher feindlich gegenüber stehen, fielen die plötzlich zusammen über uns her!

Wie dem auch sei! Das tottrampeln brachte nichts, außer, dass ich ein paar Stiche von den Ameisen kassiert habe, denn ich hatte nur meine Flip Flops an. Wir bauten dann einen „Todesstreifen" (aus Klebebändern) vor die Türschwelle, auf dem die Insekten einfach kleben bleiben sollten, aber dieser zeigte auch nur eine begrenzte Wirkung. Es war eine unruhige Nacht, denn wir zogen uns unruhig in unsere Betten zurück und dichteten unsere Zimmertüren mit nassen Handtüchern ab, in der Hoffnung, dass keine Insekten zu uns ins Zimmer kommen können.

Am nächsten Morgen war der Spuk dann genauso schnell vorbei, wie er gekommen war. Wäre der Boden nicht noch von den Überresten Tausender Krabbeltiere übersäht, könnte ich meinen, dass ich nur schlecht geträumt habe, aber das hier war real.

Die Einladung:

Heute wurde unser Team von zwei örtlichen Krankenschwestern, die mit uns arbeiten zum Abendessen eingeladen. Da das Gehalt der Pflegekräfte hier sehr gering ist, haben wir unseren Teil der Lebensmittel dazu beigesteuert.

Abends machten wir uns dann auf den Weg zu dem Stuffhouse, in dem die beiden wohnen. Diese Stuffhouses muss man sich wie folgt vorstellen: ein Raum, mit ca. 25 m², wobei der Schlafbereich mittels eines Vorhangs abgetrennt wird. Fenster gibt es nicht, nur Öffnungen in der Außenwand und eine Brettertür als Haustür. Zwei bis drei Stühle bilden das Mobiliar. Das ist alles! In einer Ecke stehen die Lebensmittel und die Dinge des täglichen Haushalts auf dem Boden, denn einen Schrank, oder einen Tisch gibt es ja nicht. Ein großer Tonkrug mit Trinkwasser und weitere Plastikkanister mit Wasser stehen ebenfalls dort und gewährleisten die Wasserversorgung und bilden zugleich die „Auswahl„ an Trinkbarem.

Strom gibt es nicht. Fließendes Wasser und Toilette auch nicht. Das Wasser, welches benötigt wird stammt aus dem 400 Meter entfernten Bohrloch. Aus diesem Grund wird auch kein Wasser verschwendet, weil man jeden Liter mühsam ranschleppen muss.

Das hört sich zwar für uns jetzt erbärmlich an, aber für afrikanische Verhältnisse ist das nicht schlecht, denn die Wände sind aus Stein, der Boden aus Beton und das Dach aus Wellblech.

Aber es soll ja ums essen gehen! Also! Trotz der Umstände sind die Afrikaner doch sehr sauber, soweit das eben möglich ist. Wer ins Haus geht, zieht die Schuhe aus. Wir sitzen auf den Stühlen und auf dem Boden, denn es sind ja nur drei Stühle da und in Afrika sitzt man sowieso lieber auf dem Boden.

Die Essensvorbereitungen fangen an und es wird geschnippelt, was das Zeug hält. Ich darf nur zu sehen, denn Küchenarbeit ist für afrikanische Männer ein no go (da sollten sich unsere beiden Mädels mal ein Beispiel dran nehmen).

Die Essensvorbereitungen und das Kochen finden alle auf dem Boden statt, denn Möbel gibt es noch immer keine.

Da es keinen Strom gibt, erfolgt die Essenszubereitung im Schein einer einzigen Kerze und unter der Verstärkung unserer Taschenlampen. Normalerweise muss die eine Kerze reichen und hier frage ich mich, wie machen die das!? Ich sehe nur schwarz!

Gekocht wird auf kleinen Holzkohleöfchen. Auf jedes Öfchen passt nur ein Alutopf, aber unsere Gastgeber schaffen es ein Essen aus acht verschiedenen Speisen zeitgleich zu servieren.

Gegessen wird auf dem Boden und mit den Fingern. Die Hände werden vor dem Essen gewaschen und man isst nur mit der rechten Hand, denn die Linke wird für andere „Dienste" verwendet und hier wird strickt getrennt!

Das Essen ist köstlich und einfach klasse! Wie schon erwähnt wird mit den Händen gegessen und das ist bei Speisen wie Spinat, Reis mit Soße, etc. gar nicht so einfach, aber da es ja ziemlich dunkel ist, erkennt man das Ausmaß der Kleckerei nicht und am Ende wird alles zusammen raus gekehrt und der Boden feucht gewischt. Der Abwasch ist dann auch Frauensache, denn ein afrikanischer Mann würde so was niemals tun! Vielleicht sollte ich doch nach Uganda auswandern.

Der Parasit:

In Nacht, als ich in meinem Bett lag und mich schon fast im Reich der Träume befand, wurde ich von meiner Kollegin Eva unsanft geweckt.
Sie war ganz hysterisch und schrie:„Ingbert, Ingbert! Schau doch mal, ich habe Maden im Fuß!". Ich habe mir ihren Fuß angeschaut, aber außer einer Art Hühneraugen nichts sehen können, Eva war aber nicht zu beruhigen und lief gleich in unser Krankenhaus, um sich untersuchen zu lassen.
Ich bin dann wieder ins Bett und kurz darauf eingeschlafen.
Am nächsten Morgen fragte ich sie dann, was man im Krankenhaus denn festgestellt habe!?
Sie sagte mir darauf hin, dass es sich bei dem „Hühnerauge" um einen Parasiten gehandelt habe, der sich in Ihrer Haut eingenistet hatte und durch eine kleine OP entfernt werden musste. Bei dem Parasiten handelte es sich um eine Art Sandfloh, welche es auch in Asien und in Süd-Amerika gibt.
Diese Parasiten fressen sich mit ihrem Vorderteil in der Haut fest und das Hinterteil schaut noch ein wenig raus. Das Hinterteil produziert weitere Eier und die Larven daraus fressen sich dann ebenfalls unter die Haut, oder sie suchen sich einen anderen Wirt. Die Entzündungen, die hierdurch hervorgerufen werden sehen furchtbar aus und sind total widerlich! Eva geht es jetzt wieder gut. Sie hat nur noch einen kleinen Verband am Fuß und den Rest erledigt das Antibiotikum.

Der Monolith ohne Hoffnung:

Zwischen unserem Krankenhaus in Lwala und der nächst größeren Stadt Soroti gibt es am Straßenrand einen riesigen Monolithen aus Granit. Dieser erhebt sich wie ein Gigant aus der flachen, grünen Ebene, die sich über die Landschaft hin erstreckt, denn das Gelände in dieser Provinz ist flach, wie ein Pfannenkuchen.

Man erkennt diesen Monolithen schon von weitem und er ist ein sehr guter Orientierungspunkt, für die Entfernung und die Richtung, in der man unterwegs ist.

Heute sind Eva und ich an diesem Monolithen ausgestiegen, um ihn zu besteigen und um die erhoffte Fernsicht zu genießen.

An diesem Monolithen gibt es einen „Steinbruch". Auf meinen bisherigen Reisen durch Afrika, fand ich die Herstellung von Schotter immer ganz interessant und lustig.

Neben der Straße wird ein LKW mit großen Steinen abgekippt und dann setzt sich ein Mensch mit einen Hammer drauf und klopft die großen Steine so lange mit seinem Hämmerchen klein, bis aus den großen Steinen kleine Schottersteine geworden sind. Eine mühselige und anstrengende Arbeit, für einen Hungerlohn.

Der „Steinbruch" in diesem riesigen Giganten aus Granit führt ein Eigenleben und hat etwas unmenschliches an sich!

An seiner Basis hat sich eine kleine menschliche Ansiedlung gebildet, die Ihr tägliches Auskommen an diesem Monolithen fristet.

Die Menschen fressen sich von allen Seiten in diesen Monolithen in dem sie Steine aus ihm raus brechen. Die Arbeit erfolgt nach der gleichen Methode, wie schon vor über 2000 Jahren. Mit Feuer, Wasser und viel Schweiß.

Die Steine und der Felsen werden mit vielen kleinen Feuern erhitzt, bis sie fast glühen. Dann werden sie mit kaltem Wasser abgeschreckt.

Hierdurch bilden sich kleine Risse im Gefüge des Steins und es lösen sich größere Teile ab, die man dann mit dem Hammer weiter zertrümmern kann. Jetzt ist es so, dass sich hunderte von diesen kleinen Baustellen an, um und auf diesem Monolithen befinden. Überall steigt Rauch auf, zischt und hämmert es.

Der halbe Felsen ist in Rauch gehüllt. Frauen, Männer und Kinder sitzen auf kleinen Steinhaufen und versuchen im Schweiße Ihres Angesichtes die Steine mit Stößeln und Hämmern zu zertrümmern. Einige der Frauen haben dabei sogar Babys auf dem Rücken. Das ganze Bild erinnert mich an einen Weltuntergangsfilm aus der Zukunft, oder an die Vergangenheit, in der ganze Völker von einem anderen Volk versklavt wurden.

Aber das hier ist real und ich bin fasziniert und erschüttert zu gleich. Diese Menschen schuften ohne Hoffnung auf eine bessere Zukunft. Tag für Tag!

Als Eva und ich weiter aufsteigen, erstreckt sich vor unseren Augen die weite Ebene Afrikas und nur aus der Ferne vernehmen wir noch das monotone hämmern der Arbeiter.

Auf der Kuppel des Monolithen scheint die Welt noch in Ordnung zu sein. Hier wachsen ein paar große Bäume und die Fernsicht ist atemberaubend!

Zu unserer Überraschung entdecken wir auf den Bäumen eine kleine Gruppe von Affen. Wir zählen zwar nur drei von ihnen, aber es ist trotzdem ein Wunder, dass Sie hier überhaupt leben können, denn Futter gibt es nicht viel, ganz im Gegenteil.

Normalerweise dienen Sie als Futter, denn die Menschen hier sind nicht wählerisch.

Ich bin nicht das letzte Mal auf diesem Monolithen gewesen, denn diese Bilder und die Eindrücke sind faszinierend!

Das Krankenhaus:

Viele von euch fragen sich sicher, wie der Ort aussieht, an dem ich arbeite und können sich so ein Buschkrankenhaus gar nicht vorstellen.

Nun, es ist auch nicht mit einem unserer Krankenhäuser zu vergleichen. Bei weitem nicht!

Natürlich gibt es hier auch Ärzte, Krankenschwestern und Reinigungskräfte, aber das ist auch schon fast alles!

Das Gebäude und das Gelände:

Also erst zum Gebäude selbst! Lwala ist ein winzig kleiner Ort in Uganda, aber das Krankenhaus hat ein großes Einzugsgebiet und das Krankenhaus ist fast ständig überbelegt.

Bei unserem Krankenhaus handelt es sich primär um ein Krankenhaus für Kinder und für Geburten. Kinder gibt es hier an jeder Ecke, aber es gibt auch Abteilungen für HIV, Malaria, Schlafkrankheit, Schlangenbisse und TB – Patienten. Diese Menschen werden in verschiedenen Gebäuden untergebracht.

Die Gebäude sind alt, sehr alt! Das ist auch ein Grund, warum wir von Cap Anamur hier sind, denn ohne unsere Arbeit hier wäre das Krankenhaus bereits vor Jahren geschlossen worden.

Die Dächer sind undicht, die Fenster kaputt und die Moskitonetze zerstört. Die Betten veraltet, die Türen von Termiten zerfressen.

Das Krankenhaus ist so überfüllt, dass Patienten und Babys oft auf dem Flur zwischen den Betten, oder gar draußen vor den Gebäuden behandelt werden und dort auch schlafen müssen.

Schotterpisten dienen als Straßen, die Wege sind unbefestigt und alles ist unbeleuchtet.

Die einzelnen Häuser des Krankenhauses befinden sich auf einem großen Areal und auf einer großen Wiese. Auf diesem Areal laufen Schweine, Ziegen, Truthähne, Hunde und Hühner frei zwischen den Menschen herum und verrichten überall ihre Notdurft. Es ist ein unbeschreiblicher Zustand.

Lwala befindet sich in einem riesigen Sumpfgebiet und Malaria und die Schlafkrankheit ist hier sehr weit verbreitet. Wir von GED (German Emergency Doctors) haben über jedes Krankenbett ein Moskitonetz eingebaut, denn dass ist die einzige und sicherste Vorkehrung, die man treffen kann.

Die Ärzte:

Von denen gibt es hier drei, plus unserer Ärztin von GED. Die meisten Ärzte in Uganda gehen aber leider ins Ausland, weil Sie dort wesentlich mehr verdienen, obwohl ein Arzt für die hiesigen Verhältnisse zu den Spitzenverdienern zählt.

Die Medikamente:

Da die Medikamente hier für die meisten Patienten unerschwinglich sind, werden die Kosten für die Medikamente des Krankenhauses komplett von GED bezahlt. Ebenfalls der Ambulanzwagen und der Fuhrpark. Einige Menschen können sich die Medikamente und den Krankenhausaufenthalt nicht leisten und verschwinden dann einfach nach dem sie behandelt wurden. Dann bleibt das Krankenhaus auf seinen Kosten sitzen. Ein großes Problem ist auch Diebstahl und Unterschlagung von Medikamenten, Geldern, etc..

Diesen Missbrauch versuchen wir mit Aufklärung, Listen, Tabellen und Mitspracherecht entgegen zu wirken. Wir machen erste Fortschritte, aber der Weg ist noch weit!

Obwohl wir uns in einem Schlangen - Gebiet befinden, so gibt es doch kein Antiserum und auch keine Blutkonserven, weil es keine Möglichkeit gibt, diese dauerhaft und sicher zu kühlen.

Die Stromversorgung:

Wir haben das Krankenhaus ans Stromnetz angeschlossen, doch das Stromnetz ist instabil.

Es gibt einen Notstromgenerator wenn dann der Sprit dafür da ist und nicht „zweckentfremdet" worden ist. Für diesen Fall halten wir immer einen 20 Liter Kanister Treibstoff bei uns im Haus bereit. Es mussten hier schon Kinder sterben, weil kein Sprit für den Generator verfügbar war.

Viele Teile des Krankenhauses müssen noch ohne Strom arbeiten und auch in den umliegenden Arbeiterwohnungen gibt es keinen Strom. Man bezieht Licht aus einer Kerze und kocht auf kleinen Kohleöfchen. Wenn die Sonne untergeht ist es stockfinstere Nacht.

Die Wasserversorgung:

Die Wasserversorgung ist katastrophal. Die Leute: Personal, Ärzte, Patienten, etc., decken ihren täglichen Bedarf an Wasser aus zwei Bohrlöchern und mit Regenwasser. Wir von GED haben vor ein paar Jahren einen 40.000 Liter Hochtank gebaut, um die schlimmsten Wasserengpässe während der Trockenzeit abzufedern, aber es herrscht immer permanenter Wassermangel.

Seit drei Monaten sind wir dabei, das Krankenhaus an das örtliche Wassernetz anzuschleißen. Diese Arbeiten werden in Kürze fertig gestellt werden, was ein riesiger Fortschritt für das Krankenhaus und alle seine Anwohner bedeuten wird. Damit sind wir einen großen Schritt weiter. Die Kosten hierfür wurden ebenfalls komplett von GED übernommen.

Die Hygiene:

Kennt man hier in dem Sinne nicht. Menschen und Kinder leben zwischen Hühnern, Schweinen, Ziegen und all möglichen Tieren. Spielen Im Dreck und den Exkrementen der Tiere. Die Kinder haben keine Kleider, keine Schuhe, haben nichts, aber auch gar nichts.

Abfallentsorgung gibt es nicht. Der Müll wird einfach weg geworfen, oder fallen gelassen. Toiletten gibt es überhaupt nur wenn als Latrinen, ansonsten wird eben dahin gemacht, wo man eben muss. Duschen gibt es nur als Blätterverschlag, aber die meisten Menschen bemühen sich trotz alledem um Sauberkeit!

Wir von GED bauen Latrinen, Duschen, Abfallgruben, Waschplätze und Kochstellen für die Angestellten und die Bevölkerung.

Die Versorgung der Kranken:

Wir von GED stellen Krankenschwestern, Ärzte, Techniker, Geld, Medikamente, Know How usw. zur Verfügung. Wir bauen Straßen, Infrastruktur, lehren, schulen, renovieren, bauen, etc.

Die Versorgung der Kranken hier erfolgt ausschließlich durch deren Angehörige. Das bedeutet, wer keine Angehörige hat, steht schlecht da, denn die waschen und kochen für den Kranken vor Ort. Dafür haben wir eigene Feuerstellen, eine Müllgrube und einen Waschplatz hergestellt. Leider wird das Angebot noch zu wenig in Anspruch genommen, weil die Menschen es nicht kennen und nicht gewohnt sind.

Die Abfallentsorgung:

Diese stellt ein großes Problem dar, da es sich um ein Krankenhaus handelt. Hier fallen gebrauchte und verseuchte Kanülen, Spritzen, Medikamente, Verpackungsmüll, gebrauchtes Verbandsmaterial und der Gleichen an. Diese werden nur einfach weg geworfen und die Kinder spielen zwischen gebrauchten Spritzen, Kanülen, Medikamenten und all möglichem Abfall, der in einem Krankenhaus anfällt. Diese Spritzen, etc. sind teilweise mit HIV, Malaria, Hepatitis, usw. verseucht.

Wir von GED haben einen Verbrennungsofen für die Krankenhausabfälle gebaut, in dem die gefährlichsten Abfälle täglich verbrannt werden sollen. Wir haben das Gelände in dem die medizinischen Abfälle verbrannt werden zum Schutze der Kinder und der frei herum laufenden Tiere eingezäunt und mit einem Tor verstehen, damit keine Unbefugten diesen verseuchten Bereich des Krankenhauses betreten können.

Diese Liste könnte ich noch unendlich weiter führen, aber ich denke, für den ersten Eindruck ist es ausreichend. Wie ich schon erwähnte, wir machen Fortschritte in jeder Richtung, aber der Weg ist noch weit.

Livingston, oder das zweite Huhn:

Heute hatte ich ein Erlebnis mit einem meiner Arbeiter. Livingston! Zumindest nennt er sich so, weil sein afrikanischer Name für einen Europäer kaum auszusprechen ist.

Livingston ist einer meiner Facharbeiter und ich mag ihn, denn er ist immer gut gelaunt und er ist immer am lachen. Livingston hat uns unter anderem unseren großen Hahn gebracht, der bei uns schon fleißig für Nachwuchs gesorgt hat.

Livingston hilft meinem Maurertrupp und ich erinnere mich an diese Anekdote, die ich mit ihm erlebt habe. Sie spiegelt die afrikanische Lebensweise und deren Naivität geradezu wieder.

Als ich mit den Maurern zusammen gearbeitet habe, sagte ich an diesem Tage zu Livingston: „Hey Livingston! Schneide mir doch bitte dieses Brett bei 2,50 m einmal durch. Hier nimm meinen Metermaß zum messen". Livingston klappt meinen Meter auf und misst und misst. Nach einiger Zeit sehe ich, dass er ein Problem hat. Als ich zu ihm gehe und frage, was denn los ist, sagt er zu mir. „It´s not long enough!" (Dein Meter ist nicht lang genug!). Ich lache leicht und denke mir, ok.! Schau dir mal an, wie er das Problem löst. Denn es wäre ja ganz einfach zu den 2 Metern, weitere 50 cm hinzu zu messen.

Also sage ich:"Shit Livingston! What can wie do now!?" (Scheiße Livingston! Was können wir denn jetzt nur machen!?). Livingston überlegt und kurze Zeit später kommt seine Antwort. Wir nehmen das Maßband! Ich lache mich krumm und buckelig und er weiß nicht warum, aber diese Runde geht klar an ihn.

Die Menschen hier können lesen und auch Zahlen lesen, aber die meisten können zwei und drei nicht addieren, aber auf Ihre Weise finden sie immer eine Lösung.

Heute hatte ich mal etwas Zeit und ich besuchte mit unserem Fahrer Josef das Anwesen von Livingston. Es ist nur eine bescheidene Hütte auf einem großen Acker, aber er war stolz wie ein König, dass wir ihn besuchen kamen und er führte uns über sein Areal. Er erklärte und alles und war dabei wie gewohnt immer am lachen.

Livingston hat einen Hund. Der scheint das gleiche Gemüt zu haben, wie sein Herrchen, denn er muss jeden gleich begrüßen und ich glaube, der Hund hatte dabei auch so etwas wie ein Grinsen im Gesicht. Jeden Morgen um sechs Uhr klingen hier die Kirchenglocken und rufen die Gläubigen zum Gebet. Livingston erzählt mir, dass sein Hund eine Eigenart hat. Jeden Sonntag, wenn die Kirchenglocken läuten und die Menschen in die Kirche gehen, läuft sein Hund mit.

Egal, ob einer seiner Familie dabei ist, oder nicht. Er legt sich dann in die Kirche unter eine Bank und genießt die Predigt. Wenn die Kirche dann aus ist, läuft er von alleine wieder nach Hause. Das Kuriose an der Sache ist, dass er das immer nur sonntags tut, obwohl die Messe jeden Tag um die gleiche Zeit ist und jeden Tag Menschen in die Kirchen gehen.

Zum Abschied bekam ich noch ein Huhn von Livingston geschenkt, welches sein Hund geholfen hat einzufangen, denn auch das ist eine Eigenart von ihm.

Damit führe ich unsere „Geschenke – Hühnerliste" mit Abstand an, was mich sehr stolz macht. Nicht wegen der Hühner, sondern wegen der der Anerkennung und der Dankbarkeit, die ich hier jeden Tag erfahren darf.

Beim Fleischer:

Gestern Abend habe ich hier das erste Mal richtiges Fleisch hier gegrillt. Wir sind alle zum Markt gefahren, wo es einen Metzger gibt (nicht zu vergleichen mit dem Metzger bei uns). Auf jeden Fall erklärte ich Ihm, welches Teil vom Schwein ich haben möchte, aber sein Englisch war noch schlechter, als meins und so habe ich mir kurzerhand sein „Fleischermesser", eine Machete, genommen und mir meine Schweinekeule selber zurecht geschnitten. Ich war wieder mal die Attraktion auf dem Markt schlechthin.

Die Märkte und die Beschaffung des Fleisches sind nicht mit einem Supermarkt bei uns zu vergleichen. Geschlachtet wird da, wo verkauft wird und so kommt es, dass neben dem Verkaufsstand die Köpfe der Schweine und deren Eingeweide liegen, übersäht von Schwärmen mit dicken Mücken.

Die Schweine werden geschlachtet, in dem man ihnen ihre Köpfe mit einer Machete abhackt. Für einen Europäer ein sehr harter Anblick, denn nach dem der Kopf brutal abgehackt wurde, zappelt und strampelt der Rumpf des Schweins noch weiter und fängt an sich im Kreis zu drehen. Nach der Enthauptung des Schweine wird der Rumpf mit kochendem Wasser übergossen, was die Reflexe der Nerven noch mal anregt und der Tote Rumpf beginnt sich erneut wie wild im Kreis zu drehen.

Ein sehr unappetitlicher Anblick, aber es ist die einzige Möglichkeit, überhaupt an Fleisch zu kommen.

Das Fleisch habe ich für uns eingelegt und abends auf den Grill angeworfen. Leider kam es zu einem heftigen Wolkenbruch und wir mussten samt Feuer und dem halb fertigen Braten in unseren überdachten Unterstand der Arbeiter umziehen.

Ich hatte schon Angst, dass das alles in die Hose geht, aber noch einer weiteren Stunde unter ständiger Rauchentwicklung durch den Regen, war der Braten dann endlich fertig und super lecker! Das wir nicht das letzte Mal gewesen sein, wo wir so etwas gemacht haben.

Gulu – Muchenfalls:

Heute musste ich zur Bank fahren, um unsere Haushaltskasse wieder aufzufüllen. Wie das eben so ist, liegen die Banken in Uganda nicht eben um die Ecke. Die beiden nächsten Filialen unserer Hausbank der First Charted, der ältesten Bank Ugandas, liegen in Mbale und in Gulu. Beide Banken sind etwa 200 km von Lwala entfernt, was auch der Grund dafür ist, dass wenn wir Geld abheben es sich immer um eine größere Summe handelt.

Ich mache mich also früh auf den Weg, weil ich noch ein freies Wochenende im Murchenfalls–Nationalpark eingeplant habe.

Obwohl Gulu die drittgrößte Stadt Ugandas ist, sind die Straßen nach Gulu selbst für Afrikanische Verhältnisse schlecht. Straßen, oder Ortsschilder gibt es hier nicht und so orientiere ich mich nur grob an der Richtung, in die ich fahre.

Als ich mich bei drei Einheimischen nach dem Weg nach Gulu erkundige, fragen sie mich, wo ich denn her komme und wo meine Leibwächter gelassen hätte. Als ich sage aus Deutschland nicken sie und als ich bei der Frage nach meinen Leibwächtern mit deinem Daumen auf mich zeige, fangen Sie an zu lachen. Warum sie das getan haben, sollte ich kurzer Hand erfahren.

Gulu liegt im Grenzgebiet zum Süd Sudan und zu der Republik Kongo. Hier kommt es des Öfteren zu Grenzkonflikten und zu großen Flüchtlingsströmen. Weiße Menschen gibt es hier nicht. Als ich mit 10.000.000,- Schilling in der Tasche aus der Bank komme, habe ich ein ungutes Gefühl. Ich glaube, wenn die Menschen hier wüssten, wie viel Geld ich bei mir führe, wäre ich echt in Gefahr. Also nichts wie raus aus der Gegend und bloß nicht anhalten!

Auf meiner Fahrt zum Nationalpark öffnet der Himmel seine Schleusen und es regnet. Afrikanischer Regen! Es ist die reinste Sintflut und die Schotterpiste verwandelt sich in eine rutschige Matschpiste. Die Schlaglöcher sind mit Wasser gefüllt, so das man sie nicht mehr erkennen kann.

Mein Pick-up tut mir leid. Er ist vom roten Schlamm bedeckt und sieht furchtbar sieht aus.

Ich fühle mich aber sicher und gut, bis zu dem Zeitpunkt, als mein Auto die Haftung zur Straße verliert und ich in einem hohen Tempo auf eine Böschung zu rase. Ich lenke gegen, kann ihn abfangen, rase aber jetzt auf die andere Böschung zu. Lenke noch mal gegen und ich bekomme das Fahrzeug wieder unter Kontrolle! Glück gehabt! Das hätte noch gefehlt. Im strömenden Regen mit 10.000.000,- in der Tasche im tiefsten Afrika im Straßengraben fest hängen.

Murchenfalls – Nationalpark:

Der Murchenfalls – Park ist ein riesiges Naturschutzgebiet, in dem es noch sehr viele wilde Tiere gibt. Die springen überall im Park herum und man muss echt aufpassen, dass man keins von denen mit seinem Auto erwischt.

Der Park hat seinen Namen von den Nilwasserfällen. Der Nil zwängt sich hier durch eine 7 Meter breite Schlucht und stürzt dann 43 Meter in die Tiefe. Ein gigantisches Schauspiel der Natur und von deren Kraft!

Auf meiner Fahrt durch den Park treffe ich auf drei deutsche Biker. Nette Jungs, die mit ihren Motorrädern von Deutschland aus bis nach Kapstadt fahren wollen. Eine tolle Tour, denn einen großen Teil der Strecke kenne selbst schon aus meinen vorherigen Reisen.

Übernachten tun wir in einer Lodge, in der Nähe der Wasserfälle. Abends sitzt man an einem großen Lagerfeuer, trinkt kaltes Bier und erzählt Geschichten. Die Preise sind zwar für die hiesigen Verhältnisse teuer, aber man gönnt sich ja sonst nicht.

In der Nacht hatten wir ein Nilpferd und Warzenschweine im Camp, aber das ist hier keine Ausnahme und eher normal. Mit den Motorradfahrern fahre ich noch einmal zum Wasserfall. Die Kraft des Wassers ist einfach gigantisch und der Fluss zeigt uns Menschen auf wie schwach und klein wir doch eigentlich sind.
Für den Nachmittag habe ich eine Bootsfahrt auf dem Nil gebucht, bei der man jede Menge Tiere aus nächster Nähe beobachten kann. Das leichte Aluminiumboot gleitet ruhig über den großen Nil hinweg und man hat Zeit, den Ausblick in ruhe zu genießen. Obwohl der Nil hier erst die Hälfte seines Flusslaufs hinter sich hat, so ist er doch schon so groß, wie an seiner Mündung, denn in der Wüste verdunstet sehr viel seines Wassers, oder es wir viel für die Bewässerung der Felder abgepumpt.
Vom Boot aus kann man diese atemberaubende Landschaft und ihre Tierwelt in vollen Zügen genießen! Das Boot bringt einen ganz dicht an die Tiere heran und man kann in Ruhe und Stille genießen.
Die Artenvielfalt reicht über: Nilpferde, Elefanten, Wasserbüffel, Antilopen und Krokodielen, bis hin zu Eisvögeln und Seeadlern und alles spiegelt sich wieder in dem Spiegelbild dieses erhabenen

Stroms. Unsere Fahrt endet direkt unterhalb der Wasserfälle, so dass wir einen direkten Einblick auf diese gewaltige, Wasser umtoste Schlucht haben. Der Nationalpark ist nicht billig, aber die Erholung während der zwei Tage ist jeden Schilling wert. Jetzt freue ich mich wieder auf meine Arbeit, denn am Montag geht es wieder richtig los.

Die Buschtaufe:

Wir sind auf die Taufe eines Kindes von unserem Koch Moses eingeladen. Als Geschenk haben wir auf dem hiesigen Markt drei Babyanzüge gekauft, für noch nicht einmal 30 Cent das Stück. Die Kleider, welche hier auf den Märkten verkauft werden, sind alle aus der Altkleidersammlung bei uns. Die Kleider werden gewaschen und hier weiter verkauft. Aus diesem Grund sieht man oft auch die komischsten T – Shirts mit deutschem Aufdruck.

Bei einer Taufe müssen die Kindeseltern alle Gäste versorgen. Alle! Denn jeder, der kommt ist ein Gast und so kommen eben sehr viele von überall her und wir gehen auch hin! Obwohl Moses noch recht jung ist, so hat er doch schon sechs Kinder. Also Durchschnitt, aber wie gesagt, er ist ja noch jung!

Die Taufe fand mit vier weiteren kleinen Babys statt. Eine solche Taufe läuft nicht ab, wie bei uns. Da das Einzugsgebiet der Gemeinde sehr groß ist und keiner motorisiert ist, wurde die Taufe der Babys in einem Verschlag abgehalten, der hierfür extra aus alten Unicef - Planen und allerlei Buschwerk provisorisch zusammen gezimmert worden ist.

Der örtliche Pfarrer (Father Denis) reiste mit seinem Moped an. In seiner Tasche hatte er alles, was man zum Feiern einer Messe benötigt und ich hätte nie gedacht, dass das alles in einer so kleinen Tasche Platz findet.

Kelch und Hostienbehälter, seine Gewänder, Gebetbücher, seine Salben für die Taufe, eine Tischdecke und alles, was sonst noch benötigt wurde. Es war einfach alles vorhanden.

Die Messe fand zwischen den Hütten, unter den alten Planen statt. Aber es war eine Messe! Es ist erstaunlich, wie wenig man für gewisse Dinge in Wirklichkeit braucht!

Die Afrikaner lieben lange Messen und so dauerte auch diese wieder über zwei Stunden, aber Langeweile kommt nie auf.

Wie in jeder Messe geht auch wieder eine Kollekte rund und jeder der anwesenden warf eine Münze ins offene Körbchen. Um verwunderter war ich, als eine Frau einmal ganz selbstverständlich zwei Eier als Kollekte ins Körbchen legte. Das ist hier ganz normal, nur ich wunderte mich ein wenig und fragte mich, wie Father Denis die beiden Eier auf seinem Moped bei den Straßen heil nach hause bekommen will.

Eine echte Herausforderung.

Nach der Messe wurden wieder Worte des Dankes an uns gerichtet, und wir wurden den Dorfvorstehern der umliegenden Dörfer vorgestellt. Es sind immer so viele Namen, die man sich leider nicht alle merken kann.

Nach der Taufe und der Messe waren natürlich alle Anwesenden eingeladen und wir wurden zusammen mit dem Pfarrer in das Männerhaus gebeten. Selbst Eva und Katrin durften darin Platz nehmen, aber sie waren sich der Ehre nicht so recht bewusst, denn dieses Haus darf von Frauen nur zum bedienen und zum servieren betreten werden.

Die Feier ging noch bis tief in die Nacht, aber wir mussten das Fest leider schon früh verlassen, weil wir noch Verpflichtungen aller Art hatten.

Die Hochzeit:

Uns wurde wieder eine große Ehre zu Teil. Eva, Katrin und ich wurden zu einer lokalen Hochzeit eingeladen.

Eigentlich handelte es sich nicht um die Hochzeit für sich, sondern um das aushandeln des Brautpreises, welches der Hochzeit vorweg geht.

Die Familien in Afrika sind groß. Sehr groß und wenn man sich trifft, werden alle eingeladen und es wird zünftig gefeiert.

Da man sich nur selten sieht, wird zuerst einmal die ganze anwesende Verwandtschaft vorgestellt. Dieser Prozess dauerte etwa eine Stunde, denn wie gesagt, die hiesigen Familien sind groß!

Anschließend hielt ein Prediger eine Predigt. Die war nicht wie bei uns, sondern so, wie man sie manchmal im TV sehen kann.

Er sprach über Gott und Jesus, die Sünden, die Hölle und den Teufel und da viele nicht Englisch sprechen wurde es gleichzeitig in Kumam übersetzt. Da die Afrikaner gerne beten dauerte diese Predigt zwei Stunden und der Prediger war anschließend nass geschwitzt. Ich glaube, das viele Reden über die Hölle und das Fegefeuer gaben ihn ins schwitzen gebracht.

Als die Predigt vorbei war, wurde von allen die Nationalhymne von Uganda gesungen.

Kurz danach traf endlich die Familie und der Clan des Bräutigams ein.

Der Bräutigam stammt aus Mbale, was ca. 200 km weiter östlich liegt, aber da die Braut aus dieser Gegend stammt, wurde der Brautpreis hier ausgehandelt.

Die beiden Familien kennen sich nicht und begegnen sich an diesem Abend das erste Mal.

Die Familie des Bräutigams wird herzlich begrüßt und jetzt weiß ich auch, warum das so ist!

Nach dem kurzen Empfang des Clans aus Mbale, bittet mich Josef ihm zu folgen. Ich rechne mit einem kleinen Umtrunk, aber was mich dann erwartet, übersteigt alle meine Erwartungen. Ich werde zu einer Stelle abseits der Festlichkeiten geführt. Als ich Josef frage, was das ist, sagt er mir, dass ich als ein Member (ein Mitglied) Ihres Clans bei dem Verhandeln des Brautpreises fungieren soll. Ich bin überwältigt! Hier dürfen nur die Männer der engsten Familie teilnehmen! Ich bin mir bewusst, welche Ehre sie mir hiermit erteilen und ich bin einfach sprachlos.

Die beiden Clans sitzen sich in einem kleinen Kreis gegenüber. Man sieht sich heute das erste Mal und man stellt sich kurz vor. Da es bei solchen Verhandlungen oft zu Streitigkeiten kommt, wird von jedem Clan ein Schiedsmann bestellt, um die Gemüter seines Clans im Notfall zu beruhigen.

Der Clan der Braut hat eine Liste erstellt, mit den Wertgegenständen, welche sie vom Clan des Bräutigams als Mitgift einfordert.

Auf der Liste stehen verschiedene Punkte. Es geht um:

- Geld für die Braut

- Geld für die Eltern der Braut

- Geld für die Hochzeitsfeier

- 15 Kühe

- 20 Ziegen

- einen Ochsenpflug

- 50 Liter Parafin

- 50 kg Zucker

- einen Großen Topf

- einen Kanister Kochöl

Je weiter die Verhandlungen fortschreiten, um so mehr verziehen sich die Gesichter des Clans vom Bräutigam, denn sie sind es, die zu liefern haben. Man feilscht, man beschimpft sich als Halsabschneider, als Geizkragen und es fallen noch andere Worte. Das sind dann die Momente, in denen die beiden Schiedsmänner gefragt sind.

Die Verhandlungen dauern über drei Stunden, aber Langeweile kommt keine auf. Ich habe volles Mitspracherecht, aber ich halte mich bewusst zurück, weil die Situation schon am brodeln ist.

Bei diesen Verhandlungen ist es so: ohne Einigung keine Hochzeit und wenn man keine Einigung erlangt, muss man sich ein weiteres Mal treffen, aber dass heißt noch mal das gleiche Fest ausrichten und noch einmal den langen Weg auf sich nehmen. Also sind beide Clans an einer Einigung, egal welcher Art interessiert.

Außerdem will keiner der beiden Clans als Geizhals, oder Halsabschneider von den geladenen Gästen stehen.

Uganda ist ein Land mit vielen verschiedenen Volksgruppen und es beherbergt alleine 40 verschiedene Sprachen und Dialekte. Die beiden Clans unterhalten sich in ihrer eigenen Sprache, so dass der andere Clan sie nicht verstehen kann.

Die Verhandlungen untereinander werden dann wieder in Englisch geführt.

Die Verhandlungen sind schwer, denn es geht um viel! Sehr viel!!!

Nach dem die Angelegenheiten mit dem Geld, den Kühen und den Ziegen geklärt ist, geht der Rest ganz schnell und man wird sich handelseinig.

Nach den Verhandlungen wird ein Teil des Brautgeldes direkt in bar übergeben und die kleinen Wertsachen hat man auch schon dabei. Den Rest, die Kühe, die Ziegen, der Pflug und das noch fehlende Bargeld werden nach gereicht.

Die Braut ist verkauft!

Nach einem kurzen schmollen, weil die einen das Gefühl haben zu viel bezahlt haben und die anderen weil sie den Eindruck haben zu wenig bekommen zu haben, lacht und feiert man zusammen und man überhäuft sich gegenseitig mit Geschenken.

Es war eine große Ehre für mich, dass ich Teil dieses Rituals sein durfte und das mich jeder der beiden Clans als gleichwertiges Mitglied angesehen hat.

Stunden später als das Fest schon im vollen Gange ist, drückt mir Josef einen 20.000 Schilling Schein in die Hand. Als ich ihn Frage, was das soll, sagt er nur, dass ist dein Geld als Member des Clans. Als ich verneine und sage, dass es für mich eine Ehre war überhaupt dabei zu sein und dass ich das Geld nicht möchte, sagt er mir, dass ich es nehmen muss, weil es so Brauch ist und weil der Clan so entschieden hat. Ich nehme das Geld also an, aber ich werde mir davon etwas kaufen, was mich immer an diesen tollen Abend erinnern wird.

Schlusssatz: Das Recht in Uganda sieht es vor, dass wenn die Braut später ihren Bräutigam aus einem Grund verlässt, der Clan des verlassenen Bräutigams sein gesamtes Brautgeld, Tiere und Wertsachen vom Clan der Braut zurück verlangen kann.

Die Katze:

Tiere haben in Afrika keinen großen Stellenwert. Haustiere als Familienmitglied gibt es wenn überhaupt nur vereinzelt in größeren Städten und entsprechend würdelos werden die Tiere auch hier behandelt.

Als ich den Fortschritt der Bautätigkeiten begutachtete, sah ich in der Nähe eines großen alten Termitenhügels eine schmale bunte Katze im Dreck liegen. Die Katze war weis, rot uns schwarz gemustert und bewegte sich nicht mehr. Als ich einen meiner Arbeiter fragte, ob die Katze tot sei, stupste er sie kurz an und der leblose Körper bewegte sich ganz kurz. Es steckte also noch etwas Leben in dem Körper, aber von den 7 Katzenleben waren 6,5 schon ausgehaucht. Ich dachte, die Katze sei krank, oder das sie einen Autounfall hatte, denn sie sah sehr erbärmlich aus.

Einige Zeit später kommen Pastor Samba und Eva freudestrahlend mit einem großen Pappkarton auf mich zu gelaufen, in dem sich fünf kleine Kätzchen befanden. Die kleinen Geschöpfe sind so klein, dass ihre Augen noch geschlossen sind und sie verzweifelt nach Ihrer Mutter suchen. Durch Pastor Samba erfahre ich nun die ganze Geschichte. Bei der fast toten Katze handelte es sich um die verwilderte Mutter der Kleinen. Die Katzenmutter wurde von Kinder mit Stöcken und Steinen fast zu Tode geprügelt und konnte ihre Babys nicht mehr versorgen.

Als wir das Muttertier nun einfangen möchten, schleppt sie sich mit ihrer letzten Kraft in den nahe gelegenen Termitenhügel, bei dem sie zuvor stundenlang reglos gelegen hat. Die Katze wäre dort von alleine nicht mehr raus gekommen, weil der Termitenhügel so eng und so verwinkelt war und weil sie die Kraft dazu nicht mehr gehabt hätte.

Ein Termitenhügel ist hart wie Beton und um an die Katze zu kommen, musste schweres Gerät her. Vorschlaghammer und Brecheisen! Natürlich musste die Katze mit größter Sorgfalt und Stück für Stück befreit werden, aber nach schweißtreibenden 15 Minuten bekam Pastor Samba die Katze am Schwanz zu packen und die Katze war frei. Wir steckten sie in die Kiste zu ihren Jungen und dann erst mal ab zum GED – Haus.

Da es sich um eine verwilderte Katze handelte, wurde die ganze Katzenfamilie fürs erste einmal samt ihrem Karton in unser neues Kükenhaus einquartiert.

Die Katze war fast zu Tode gequält worden. Sie lag nur noch reglos da und die Kätzchen suchten den Kontakt zu ihrer Mutter. Ich wusste, diese Nacht würde die Entscheidung über das Leben und den Tot der Katze bringen. Wir stellen Ihr Milch und ein aufgeschlagenes Ei in Ihren Verschlag und ließen sie in Ruhe, denn das war das Wichtigste, was die Katze zu dieser Zeit brauchte.

Am nächsten Morgen bin ich schon früh auf meinen Beinen, denn meine Gedanken schweiften die ganze Nacht nur um diese armen Kreaturen. Ich gehe schon im halb Dunkeln zum Verschlag und schaue nach der geschunden Katzenfamilie. Die Katze hat ihre erste Nacht überstanden und ich bin mir sicher, dass sie es schaffen wird. Eins ihrer Babys hingegen hatte weniger Glück. Es liegt tot neben seiner Mutter. Es sieht aus, als würde es schlafen, aber die kleinen Beinchen und das Schwänzchen bleiben reglos und es hat sein Leben in dieser letzten Nacht ausgehaucht.

Die Stimmung in unserem Team sackt auf einen neuen Tiefpunkt, denn wir wissen, dass wir die Katzen nicht bei uns behalten können. Eine Lösung muss her und das möglichst schnell!

Die Lösung unseres Problems heißt Konvent! Ich biete Schwester Gilda unsere Katzenfamilie an, denn die Nonnen sind einsam und brauchen auch mal etwas zum Kuscheln und Lieb haben. Mäuse gibt es im Konvent auch genug. Die Katzen siedeln ein weiteres Mal mit samt ihrem Karton in den Konvent um.

Da die Nonnen keine Ahnung haben, was eine Katze so frisst, geben wir ihnen gleich etwas Milch und eine Dose Corned Beef für die ersten Tage mit. Alles scheint perfekt zu sein!

Zwei Tage später treffe ich die Schwester wieder und frage sie voller Euphorie, wie es Ihren Katzen geht. Als ich ihre Antwort erhalte, stehe ich reglos vor Ihr, denn mit dieser Antwort hätte ich nicht gerechnet. Alle Katzenbabys waren tot und das Muttertier verschwunden. Die Nonnen hatten die Katzen in ihrer Unwissenheit in einem offenen Schuppen untergebracht. Da es sich bei dem Tier um eine verwilderte Katze handelte, hat sie sich aus dem Staub gemacht, sowie sie nur etwas laufen konnte und hat ihre Jungen zurück gelassen, womit deren Tot besiegelt war.

Ich könnte über die Unwissenheit und die Naivität der Menschen hier schreien! Sie haben oft nur den Geist und das Wissen von kleinen Kindern. Die Kätzchen mussten lediglich durch Unwissenheit und Naivität sterben. An diesem Tag waren es nur Kätzchen, aber hier sterben auch oft Menschen durch die Unwissenheit und Naivität anderer Menschen.

Ruanda:

Wenn man nach Uganda einreist, muss man bei der Einreise ein Visum beantragen. Dieses Visum ist drei Monate gültig und kostet 50 US Dollars.

Da ich jetzt bereits fast drei Monate in Uganda arbeite, wurde es Zeit für mich, dieses Visum verlängert zu bekommen. Aus diesem Grund also bekam ich die Order von unserem Büro aus Deutschland ins Nachbarland Ruanda auszureisen und dann neu nach Uganda einzureisen. Somit hätte ich dann zweimal ein drei Monats Visum.

O. k.! Warum nicht! Es sollte ein schöner kleiner Urlaub für mich werden. Ich mache mit unserem Fahrer Josef einen besonderen Deal ab. Ich biete ihm folgende (völlig faire) Varianten an:

1.) Er fährt mich und ich bezahle alles. Er bekommt auch einen kleinen Urlaub, aber keine Spesen.

2.) Er muss für die Mädels arbeiten und mit meinen Jungs auf der Baustelle schuften.

Er entscheidet sich also für das kleinere Übel und so planen wir unsere kleine Tour.

Das letzte Wochenende war ich von Josef auf einer Hochzeit eingeladen. Er hatte sich dort total in Schale geworfen. Blauer Anzug mit Messingknöpfen und dazu die passenden schwarzen Schuhe. Ich kenne Josef sonst nur im Blaumann und Turnschuhen.

Oh man! Kleider machen eben doch Leute!

Zum Scherz sagte ich zu ihm: „Eh Josef! Wenn wir noch Ruanda fahren, möchte ich, dass du dich genauso schick kleidest wie heute Abend!" Am Dienstagmorgen, als es los geht steht er dann genauso vor mir. Ich lache, er lacht und wir wissen, es wird eine lustige Fahrt werden. Wir machen uns auf den Weg mit unserem neuen, dicken, weißen Pick-up. Josef hat das Auto extra noch mal den ganzen Morgen lang geputzt. Es glääääänzt!

Als wir losfahren und auf die Hauptstraße abbiegen, komme ich mir vor, wie ein König!

Ein dickes, glänzendes Auto und ein schwarzer Hüne im feinen Anzug, der mich fährt. Es ist ein geiles Gefühl!

Wir fahren über Kampala, weil alle wichtigen Straßenverbindungen über Kampala führen und verbringen hier unsere erste Nacht.

Am nächsten Morgen geht es dann weiter in die Richtung zu Ruandas Grenze.

Wir überqueren den Äquator, was wir aber nicht merken, weil wir eine Straße durch den Busch genommen haben.

Josef fährt schnell wie der Teufel, aber er ist ein sehr guter Fahrer und ich fühle mich total sicher an seiner Seite. Er kennt ganz Uganda, spricht mehrere Sprachen und kennt alle Risiken der Straße, von denen es hier so viele gibt. Bevor wir die Grenze zu Ruanda überqueren verbringen wir noch eine weitere Nacht in Uganda.

Die Landschaft im Süd – Westen von Uganda und zu Ruanda ist wunderschön. Das sonst so flache Landschaftsbild Ugandas wird abgelöst von vielen hohen Hügeln, auf denen Tee und Ananas angebaut wird. Später werden dann aus diesen Hügeln Berge, welche sich bis über 5000 Meter erheben. Diese Berge waren einst Vulkane, was sich an ihrem Gestein noch leicht erkennen lässt. Auf diesen Bergen leben die berühmten Berggorillas, aber die sind heute nicht unser Ziel.

Der Grenzübertritt gestaltet sich wie in allen afrikanischen Ländern als langwierig, und mit viel Papierkram verbunden. Am Schlagbaum sitz ein „Arzt" mit Kittel und blauen Gummihandschuhen, der jedem Einreisenden einen elektronischen Thermometer an die Stirn hält. Das soll sicherlich eine Vorbeugung gegen Ebola sein, was ich aber nur belächeln kann!

Nach einer Stunde, vielen Papieren, und 1000 gestellten Fragen sind wir endlich durch.

Es lebe das Schengener – Abkommen! Freie Grenzen für freie Bürger!

Ruanda war einst für eine kurze Zeit eine Deutsche Kolonie. Später wurde diese dann von den Belgiern übernommen. Aus diesem Grund herrscht hier auch Rechtsverkehr, aber das stellt für meinen

Fahrer kein Problem dar. Das Problem liegt eher in den Geschwindigkeitsbegrenzungen.

Wir fahren in Richtung Kigali und geraten bereits nach fünf km in eine Polizeikontrolle. Wir werden gestoppt wegen überhöhter Geschwindigkeit. Josef hatte 64 km in der Ortschaft drauf, erlaubt sind in ganz Ruanda aber nur 40 km. Sch….! Das muss man erst mal wissen! Die Polizisten sind im Recht und wegen ihrer finsteren Gesichter rechnen wir schon mit einer fetten Strafe, aber man lässt uns mit einer Verwarnung weiter fahren. Ab jetzt heißt es besser aufpassen und ich muss das Temperament von Josef jedes Mal etwas bremsen.

Ruanda ist das sauberste Land, welches ich je gesehen habe und hätte das am wenigsten in einem afrikanischen Land vermutet! Es gibt hier keinen Müll! Die Straßenränder und die Orte sind so was von sauber, dass ich mich echt frage, wie bekommen die das hin!?

Wir und die ganze Welt sollten uns ein Beispiel hieran nehmen. Unsere Fahrt führt uns durch eine atemberaubende Landschaft und wir erreichen die Hauptstadt Kigali.

Kigali befindet sich auf einer Höhe von 1800 Meter und bettet sich traumhaft zwischen die Berge Mt. Kigali und Mt. Jali ein.

Die Stadt wurde im Jahre 1908 von dem Deutschen Expeditionsreisenden Richard Kant gegründet und im Jahre 1916 an die Belgier übergeben.

Ich war noch Jung, als ich das erste Mal etwas über dieses Land gehört habe. An die Bilder von damals erinnere ich mich noch wie heute. Es war der Genozid, das Völkerschlachten zwischen den Tutsis und den Hutus, welches im Jahre 1994 seinen traurigen Anfang und sein bitteres Ende fand.

Beide Volkgruppen schlachteten sich gegenseitig mit Macheten und alles was sie hatten in einem grausamen Gemetzel, gegenseitig ab. Es wurde keiner Verschont. Keine Frauen, keine Kinder, niemand! In den Nachrichten kamen Bilder über Flüsse und Seen, die rot vom Blut gefärbt waren. Die Menschen dort wurden massakriert und wir waren live dabei und haben nichts dagegen unternommen. Wie pervers kann der Mensch eigentlich sein?

Josef und ich besuchen die Gedenkstätten in Ntarama und das Memorial National de Genozid.

Zuerst besichtigen wir das Memorial National de Genozid in Kigali. Hier befinden sich Massengräber der Ermordeten und Informationsstände über den Massenmord. Es sind Details über das Morden in Bildern, Filmen und in Berichten ausgestellt, über die ich aber nicht berichten möchte, weil sie so grausam sind und ich Seiten damit füllen könnte. Ich möchte nur soviel sagen, dass trotz der vielen Besucher eine unglaublich Stille an diesem Ort herrscht. Kein Wort wird gesprochen, das Lachen ist versiegt, kein Telefon klingelt, selbst die Vögel sind verstummt. Es ist ein gespenstisches Gefühl, als wären die Toten anwesend und würden zum Schweigen ermahnen.

Ntarama:

Am nächsten Tag besuchen wir die Gedenkstätte in Ntarama.

Ntarama liegt mitten im Busch und ist nur ein winziger Ort, aber hier wurde ein Massaker an der Bevölkerung begangen, deren Spuren auch heute nach 20 Jahren noch sichtbar sind. In Ntarama steht eine Kirche, in die sich 2500 nach Hilfe suchende Menschen geflüchtet hatten. Die Hilfesuchenden wurden dort in der Kirche alle samt abgeschlachtet. Männer, Frauen, Kinder, Babys. Niemand wurde verschont. Von außen wurden Granaten durch die Kirchenfenster geworfen, deren Einschläge auch heute noch sichtbar sind. Wen die Granaten getötet hatten, der hatte Glück, denn die Überlebenden wurden auf grausamste Weise zu Tode gefoltert.

In der Kirche ist ein Teil ihrer Mordwerkzeuge noch ausgestellt.

In einer Ecke steht das Kochgeschirr und die sonstigen Habe der Unglücklichen und in einer anderen Ecke stehen auf einem riesigen Regal, deren bleiche Gebeine und Schädel aufgebart.

An ihren Schädeln erkennt man noch, wie die Opfer zu Tode gekommen sind. Kopfschuss, Knüppel, Machete, oder mit anderen Mordinstrumenten. Zum Teil stecken die Gegenstände noch darin fest. Unter den Gebeinen und Schädeln sind auch viele von Kindern und ganz kleinen Kindern.

An den Wänden klebt noch das Blut der Unglücklichen. Die alten Kleider der Toten zieren die Wände der Kirche und geben dem Innenraum ein gespenstisches Aussehen.

Der Kirchenboden ist mit Särgen übersät, in denen sich jeweils die Gebeine von 50–100 Getöteten befinden.

Bei diesem Anblicken wird mein Herz von einer eiskalten Hand umklammert. An dieser Gedenkstätte wirft der Tot sein schwarzes zerfetztes Tuch über den Ort und zeigt uns, wie grausam Menschen sein können.

Wenn man ganz ruhig ist, glaubt man die Schreie und das Klagen der Unglücklichen noch immer hören zu können.

Ein Entkommen gab es für die Opfer damals nicht, denn Ihre Mörder waren Ihre Nachbarn, Bekannte und nicht selten sogar Menschen aus der eigenen Verwandtschaft. Gott möge ihren Seelen gnädig sein. Ich würde sonst auch um die Vergebung der Täter bitten, aber ich kann es nicht! Heute leben beide Volksgruppen friedlich zusammen, als hätte es diesen Genozid nie gegeben. Lediglich einige Monumente erinnern an diese Stunde Null, als 1/3 der Bevölkerung abgeschlachtet wurde und das ganze Land in Schutt und Asche lag.

Die Tarnjacke:

Auf meiner Rückfahrt nach Lwala legen Josef und ich wieder einen Zwischenstopp in Kampala ein. Josef verbringt die Nacht bei seiner Familie, die hier lebt und ich übernachte wie üblich in unserem Büro.

Zurückgekommen in der Zivilisation, nutze die Gelegenheit und stürze mich in das Nachtleben von Kampala. Um etwas Abwechselung zum tristen Leben im Busch zu erhalten, habe ich ein Restaurant und eine Musik Bar für meine Kurzweil auserkoren.

Ich ziehe wie immer meine alte Tarnjacke an und mache mich auf den Weg. Kampala bei Nacht ist laut und erstickt fast wie jede Großstadt in ihrem eigenen Straßenverkehr.

Ich besuche ein nahe gelegenes Restaurant und genieße den Luxus einer Speisekarte und die Auswahl verschiedner Gerichte. Die Wahl ist schnell gefällt, denn wenn man

wochenlang nur Buschnahrung bekommt, sagt einem der Magen schon, worauf es ihm gelüstet und es bedarf keiner Speisekarte.

Nach dem Essen mache ich mich auf den Weg in die Musik Bar. Das Bier ist zwar das teuerste in ganz Uganda, aber es ist kalt und die Band ist echt klasse.

Als ich die Bar verlasse, werde ich plötzlich von zwei Polizisten auf der Straße gestoppt und festgehalten. Als ich sie verwundert frage, was denn los ist, fragten sie mich, ob ich ein Soldat sei. Diese Frage kann ich mit einem klaren nein beantworten, denn ich bin überzeugter Pazifist. Sie erzählen mir, dass ich eine Straftat begangen hätte, in dem ich eine Armeeuniform angezogen habe.

Diese Behauptung kann ich nur belächeln und sage Ihnen, dass eine Armeeuniform klare Strukturen, wie Rang, Name und Nationalität aufweisen muss und das es sich bei meiner

alten Tarnjacke um eine Arbeitsjacke handelt, die ich schon bei der Einreise nach Uganda und beim Grenzübergang nach Ruanda getragen habe und das dies nie einen gestört habe, also warum jetzt!? Die Polizisten bleiben stur und drohen mir mit Gefängnis und anderen Maßnahmen und sofort bildet sich ein Pulk von Menschen um uns herum, denn jeder will sehen, was mit dem Muzungu passieren wird. Durch meine vielen Reisen und meine vergangene Zeit in Uganda weiß ich den Wert und die Macht meiner weisen Hautfarbe zu schätzen und bleibe stur, denn ich möchte sehen, wer den längeren Atem hat und lasse es darauf ankommen. Ich erzähle den Polizisten die Geschichte der Jacke und das ich als Entwicklungshelfer nach Uganda gekommen bin, um ihrem Land und ihren Landsleuten zu helfen. Die Menschen, die uns umgeben sind von mir beeindruckt, als sie hören, dass ich im tiefsten Busch ein Krankenhaus aufbaue. Die Stimmen der beiden Polizisten werden immer leiser, doch sie wollen sich diesen dicken Fisch nicht entgehen lassen. In Uganda ist es so, dass viele Polizisten korrupt sind und nach einer kleinen Nebeneinkunft Ausschau halten.

Mit einer kleinen Geldspende für das neue Polizeirevier hätte ich die Angelegenheit leicht lösen können, aber das wollte ich nicht und so ging die Diskussion auf offener Straße weiter. Die Worte festnehmen, Gefängnis, Straftat von der einen Seite und ich habe nichts getan und sperrt mich nur ein, dass kann nicht schlimmer als die Arbeit im Busch sein wechselten sich ab und der Pöbel schrie mit. Hier aber zu meinen Gunsten! Als die Polizisten merkten, dass bei mir nichts zu holen ist, einigten wir uns darauf, dass ich meine Jacke nur noch links herum anziehen darf, so dass man die Tarnfarben nicht erkennen kann. Später musste ich erfahren, dass das Tragen von Militärkleidung wirklich verboten ist, weil vor Jahren Militante Banden in Uganda ihr Unwesen getrieben haben.

Der Muzungu:

Ich hätte nie geglaubt, dass es heute noch Flecken auf der Welt gibt, die so abgeschottet sind, wie hier.

Natürlich! Da gibt es Bergvölker, Grönland und viele entlegene und von Menschen nur dünn besiedelte Gebiete, aber ich bin hier im Herzen eines Kontinents und von vielen Menschen umgeben und trotzdem falle ich auf, wie ein pinkfarbener Hund, mit einer Lichterkette um den Hals und einer Rundumleuchte auf dem Kopf, denn ich bin weis! Ich begegne hier wochenlange keinem weißen Gesicht und das ist schon seltsam, denn es wimmelt hier nur so von Menschen um mich herum.

Wenn ich in der Stadt bin, schauen die Menschen mich an und reden über mich. Ich kann sie zwar nicht verstehen, aber ich merke es. Es ist nicht, dass sie schlecht reden, oder gar Witze über mich machen. Nein! Das ist es nicht, aber man spürt, dass man eben anders ist.

Kinder schauen mich mit großen Augen an, oder zeigen mit dem Finder auf mich. Da Mama! Schau mal da! Ein pinkfarbener Hund mit Lichterkette um den Hals und die Rundumleuchte hat er auch angeschaltet! Einige Kinder laufen sogar schreiend weg, oder verstecken sich ängstlich hinter Ihren Müttern, oder Geschwistern. Diese lachen dann und ich lache dann auch, aber was zurück bleibt, ist das Gefühl, anders zu sein. Andere Kinder wollen einfach nur meine Hand halten und meine Haut anfassen, um zu sehen, ob es doch nicht einfach nur Farbe sein kann. Mittags, wenn die Schule aus ist, versammelt sich immer eine Kinderschar von 10 – 15 Kindern vor unserem Zaun und alle wollen den Muzungu sehen. Jetzt weiß ich, wie sich ein Gorilla im Zoo vorkommen muss, nur, dass ich hier nicht mit Bananen, oder der gleichen gefüttert werde.

Ich habe das Glück, dass meine Farbe hier angesehen ist und respektiert wird und dass ich zu jeder Zeit abreisen könnte, wenn ich dies wollte. Was aber ist mit den Menschen bei uns, die als Bürgerflüchtlinge kommen. Die vielleicht ein ganz normales Leben geführt haben, bis sie durch einen Bürgerkrieg, oder der gleichen vertrieben worden sind. Menschen, für die es kein Zurück gibt. Menschen mit einer Farbe, die nicht so respektiert wird. Menschen, die die Sprache nicht sprechen und die Kultur auch nicht kennen. Das angenehme ist, dass es hier keine Fremdenfeindlichkeit gibt und man braucht keine Angst zu haben, wenn man durch die Menschenmengen geht. Ganz im Gegenteil. Man kann sich gedankenlos treiben lassen und braucht vor nichts Angst zu haben.

Die Menschen:

Ich mache keine Fotos mehr und was für mich noch vor ein paar Wochen unmöglich war, ist jetzt schon fast zur Normalität geworden. Es ist erstaunlich, wie schnell sich der Mensch an eine neue Umgebung anpassen kann. Sicherlich hat das uns auch zu dem gemacht, was wir heute sind: Die Spitze der Spezies.

Es gibt keinen Ort auf der Welt, wo es keine Menschen gibt, weil wir uns an jede Lebenssituation anpassen können, egal, wie lebensfeindlich sie auch sein möge. Ich bin dabei ein Teil dieser Evolution zu werden.

Wie ich schon sagte, ich habe mich angepasst und eingelebt und wenn da nicht einige Dinge wären, die man durch nichts auf der Welt ersetzen kann, wie Heimat, gute Freunde, gute Nachbarn usw. könnte ich mir sogar vorstellen, hier zu leben.

Aber was mich noch immer erstaunt ist die Höflichkeit und die Gastfreundlichkeit, welche mir von fremden Menschen Tag für Tag entgegen gebracht wird. Ist es ein winken, der Kinder unterwegs auf den Straßen, die höfliche Art, wie man mir täglich den Dank ausdrückt, für das, was ich hier tue, oder, oder, oder, ….?

Heute war ich wieder angeln. Die Ausbeute war wieder recht frustrierend, aber ich wurde wieder von wildfremden Menschen, die ich noch nie in meinem Leben zuvor gesehen habe zum Essen eingeladen. Mir wurden die guten Speisen vorgesetzt, während der Rest der Familie das alltägliche Essen bekam.

Das Essen der Leute auszuschlagen käme einer Beleidigung gleich und so nimmt man sich Zeit und setzt zu Tisch und erzählt von sich, von zu hause, vom Projekt, denn man hat Zeit.

Es ist dieses Wir–Gefühl, diese Willkommen–Sein, welches bei uns irgendwann auf der Strecke geblieben ist.

Ich hoffe, dass ich dieses Gefühl mit nach hause nehmen kann und das es dort vielleicht Wurzeln und Früchte tragen wird.

Mbale:

Vor ein paar Wochen begab es sich, dass ich hier auf einer Hochzeit eingeladen war. Überraschender Weise durfte ich dort als Berater und Vertreter der Brautfamilie bei der Verhandlung des Brautpreises fungieren.

Dieser Prozess zog sich über drei Stunden hin und war einfach atemberaubend.

Als der Brautpreis nach schweren Verhandlungen fest stand, wurde ein Teil des Brautpreises gleich in Naturalien und in bar bezahlt. Der andere Teil, restliches Bargeld und Kühe, denn die Braut war sehr schön und somit sehr teuer, sollte dann bei einem Gegenbesuch ausgeglichen werden und dieser Termin war heute.

Josef, mein Fahrer und Sherman des Clans und ich holten also unseren neuen Pick up und klapperten seine Verwandtschaft ab. Als der Pick-up berstend voll war, ging es dann los in das 200 km entfernte Mbale, wo die Feier stattfinden sollte.

Angekommen in Mbale machten wir erst mal einen Stopp in einem Cafe`, um uns zu stärken.

Es wurden Chapatis (Fladenbrote) und Tee bestellt. Eine Frau der Familie packte darauf hin einen geräucherten Fisch aus Ihrer Handtasche und verteilte diesen unter den Anwesenden. Ich habe mich schon immer gefragt, was Frauen so alles in Ihren Handtaschen mit sich herum schleppen!? Jetzt weiß ich es.

Anschließend wurde eine große Portion frittierte Heuschrecken bestellt. Diese sind hier eine Regionale Delikatesse, was auch der Grund ist, warum es in dieser Region Afrikas fast keine Heuschrecken mehr gibt. Ich nenne so was ökologische und effektive Schädlingsbekämpfung.

Mir wurden auch welche angeboten, aber ich habe dankbar abgelehnt, denn ich war schon sooooo satt von den Fladenbroten! Weil die Heuschrecken so lecker schmeckten wurde gleich noch einmal nachbestellt und nochmals großzügig an alle verteilt (außer an mich, denn ich war immer noch „satt").

Anschließend ging es dann auf die Hochzeitsfeier. Diese war in der gleichen Art, wie vor vier Wochen. Wieder wurde ich gesondert begrüßt und musste eine kurze Ansprache halten. Hätte ich in der Schule doch damals beim Englischunterricht nur besser aufgepasst!

Während der Feier haben wir Clanmitglieder und Member uns wieder in einen gesonderten Raus zurück gezogen, denn es stand noch ein großer Teil des Brautgeldes und natürlich die Kühe offen. Die Verhandlungen liefen über anderthalb Stunden, aber dieses Mal war die Stimmung nicht so angespannt, wie beim letzten Mal, denn der Preis stand ja eigentlich schon fest.

Bezüglich der Kühe wurde sich auf einen fixen Preis pro Kuh geeinigt, den eine hiesige Kuh kostet. Das macht es für alle leichter und die Transportkosten entfallen.

Nach der letzten Preiseinigung steht der Hochzeit nun nichts mehr im Wege und alle lagen sich am Schluss brüderlich in den Armen.

Die Bauarbeiten:

Mein Bauteam und ich haben in den letzten Wochen und Monaten großes vollbracht und von allen Seiten erhalten wir Lob und Anerkennung für unsere Werke und unser Tun.

So haben wir zum Beispiel innerhalb von nur sechs Wochen ein Fünf-Familienwohnhaus erbaut. Die Bautätigkeiten sind bereits soweit fortgeschritten, das die fünf Familien nach weiteren vier Wochen Bauzeit einziehen können.

Diese hervorragende Leistung nahm ich als Anlass, um ein Richtfest zu veranstalten. Hier wollte ich allen Arbeitern meinen Dank für Ihre große Leistung auszudrücken. Zu diesem Fest habe ich mir vorgenommen, meine Jungs zu verwöhnen und ihnen etwas ganz spezielles zu bieten. Ich bereitete unsere Feier bereits Tage lang vor und ich bin mir sicher, dass unser Richtfest in Lwala wohl unvergesslich bleiben wird.

Zuerst musste alles hergerichtet werden. Das heißt, die Baustelle musste geräumt und gesäubert werden.

Es musste natürlich auch genug zu essen und zu trinken da sein. Aus diesem Anlass fuhr ich erst mal in die Stadt groß einkaufen. Auf dem hiesigen Markt habe ich ein ganzes Schein bestellt, welches ich unter den staunenden Augen des halben Dorfes selbst direkt vor Ort zerlegt habe. Zusätzlich gab es noch vier Hühner, welche direkt hinter unserem Haus frisch geschlachtet wurden. Als Beilage machten wir einen großen Topf Kartoffeln und ich bestellte eine Frau, die uns frische Chapatis (Fladenbrote) machte.

Auf einem Richtfest gibt es natürlich auch nicht nur Sodas zu trinken. Also organisierte ich für diesen Anlass eine Frau aus dem Dorf, die vor Ort lokales Bier für meine Gäste brauen sollte. Alleine der alten Frau bei Ihrer Arbeit zuzusehen war schon ein Erlebnis. Als Höhepunkt der Feier, baute ich uns drei große Feuertürme.

Nach dem alle Zimmer des Gebäudes von Pfarrer Simon eingesegnet worden waren, hielt ich meinen Richtspruch auf Englisch, den mein Fahrer Josef in die Landessprache Kumam übersetzte. Die Rede wurde mehrmals durch heftigen Beifall unterbrochen, denn die Rede war sehr emotional auf die Menschen und auf unser Tun fixiert.

Dann wurde endlich gefeiert! Als die Nacht herein brach, zündete ich die Feuertürme an. In dem Größten fanden ganze Baustämme Platz. Keiner wusste, was ich da zusammen gebastelt hatte, oder was es werden sollte. Bis zu dem Moment, als ich Feuertürme anzündete. Als ich die Türme dann in lodernden Flammen standen, wurde der ganze Platz von den drei mächtigen Feuertürmen erhellt und über uns die glänzenden Sterne Afrikas. Es war ein toller Anblick!

Nach dem wir alle gegessen hatten, fingen meine Arbeiter nach dem Rhythmus der Musik zu tanzen. Ihre Beine stampften auf den trockenen Boden Afrikas und Ihre Füße wurden umhüllt von dem Staub der roten Erde. Es war ein toller Anblick! Die afrikanische Musik, die riesigen Feuersäulen, die tanzenden Menschen und alles vermischte sich mit dem Schein der Flammen, den Schatten der Tänzer und dem roten Staub Afrikas.

Meine Jungs lachten, grölten, pfiffen und tanzten. Sie hatten einfach nur Spaß. Selbst mein Vorarbeiter und einige meiner Arbeiter, die sonst eher zurückhaltend sind grölten, lachten und tanzten!

Die Freude und das Lachen in den Gesichtern meiner Arbeiter war das schönste Geschenk und das schönste Dankeschön, das sie mir machen konnten. Ich fühlte mich gut, denn ich wusste, dass ich hier das Richtige tue.

Meinem Freund Father Denis hat die Feier so gut gefallen, dass er mir zu meinem Abschiedsfest ein ganzes Schwein versprochen hat. Na das ist doch mal was!

Schlange und Leguan:

In Uganda ist jetzt Trockenzeit und das ist die Zeit der Reptilien.

Seit Wochen haben wir regen Zuwachs an kleinen Küken auf unserem Gelände und aus diesem speziellen Grund habe ich uns ein kleines Haus für unsere Küken gebaut. Vor zwei Wochen hatten wir dank unseres Zuwachses in unserem Küken - Haus eine Henne mit ihren sieben Küken einquartiert.

Eines Nachts erhielten wir jedoch ungebetenen Besuch auf unserem Gelände und obwohl das Kückenhaus gut abgesichert war, wurden in einer Nacht alle Küken gefressen. Einzig die Henne überlebte.

In Verdacht kamen eine Schlange, oder ein Leguan, denn es wurden keine Federn, oder der gleichen gefunden. Die Küken wurden in einem verschlungen.

Heute begab es sich, dass ich plötzlich von meinen Arbeitern gerufen wurde! Auf dem Grundstück unseres Nachbarn hatte man eine fast zwei Meter lange Kobra zur Strecke gebracht und die sollte ich mir doch unbedingt ansehen. Als ich das Grundstück unseres Nachbarn erreichte, konnte ich die Schlange schon von weitem sehen, denn sie war riesig! Aber ich wurde von den Anwohnern eines besseren belehrt. Diese Schlange von fast zwei Metern Länge sei noch verhältnismäßig klein. Ups!? Wenn das stimmt, möchte ich nicht deren Mama begegnen!

Ich dachte, hiermit hätte der Übeltäter unserer Küken seine gerechte Strafe gefunden, aber ich sollte eines besseren belehrt werden.

Während unseres Frühstücks, vernahm ich plötzlich ein lautes Geschrei und Gegackere aus unserem Kükenhaus. Ich wusste sofort, dass da etwas nicht stimmte und rannte mit einem Knüppel in der Hand bewaffnet los in Richtung Kükenhaus. Aus meinem rechten Augenwinkel konnte ich noch kurz vernehmen, dass mir meine Arbeiter in einem leicht nach rechts gerichteten Winkel folgten. Ich dachte mir noch, warum folgen die mir nicht direkt nach, aber durch Ihr Sichtfeld konnten Sie etwas sehen, was mir verborgen blieb!

Ein riesiger Leguan, der vom Kükenhaus nach rechts dem Zaun entlanglief, um zu entwischen.

Als der Leguan dabei war, sich durch den Machendrahtzaun zu quetschen hatten einige meiner Arbeiter ihn schon fast erreicht, während ich noch ahnungslos am Kükenhaus stand.

Der Leguan war so groß, dass er fast im Zaun stecken geblieben wäre.

Hätte mein Arbeiter Alfred nicht so eine riesige Angst vor dem Leguan gehabt und ihn einfach am Schwanz gepackt, als dieser noch halb im Machendrahtzaun steckte, hätten wir im das Leder über die Ohren gezogen. Als ich dann eine Sekunde später mit dem Knüppel da war, war es leider schon zu spät und der Leguan ist uns durch den Zaun entwischt. Ich hoffe, er hat seine Lektion gelernt! Das nächste Mal wird er nicht mehr soviel Glück haben.

Nach dem Mittagessen fing ich mit meinem Fahrer Josef an, unser Gelände auf zu räumen. Hierzu musste ein Stapel Bauhölzer umgesetzt werden.

Plötzlich springt Josef fast einen Meter aus dem Stand hoch und schreit: „Eine Schlange!" Die Schlange war nicht größer, als ein Schuhriemen, aber er und unsere Arbeiter versicherten mir, es eine junge Giftschlange sei. Ich wollte sie noch retten und sie einfach in einen Busch setzen, denn ich habe nichts gegen Schlangen. Auf ihre Art sind sie sogar sehr nützlich und bewundernswert. Wenn man aber in einem Gebiet mit vielen Schlangen lebt und fast jeden Tag mit ihnen rechnen muss, ist die Perspektive eine andere, als bei uns. Ihr Todesurteil war bereits gefällt, als sie entdeckt wurde.

Um die Schlangen von den Häusern fern zu halten, fackeln die Menschen jetzt die Büsche und Sträucher rund um ihre Häuser ab. Aber es kommt dennoch oft vor, dass die Schlangen bis dicht, oder sogar in die Häuser kommen und so etwas endet fast immer tödlich, zumindest für einen von beiden, manchmal aber auch für beide.

Die kleine tote Schlange wurde zu guter Letzt von einem unserer Hühner gefressen.

That´s the circle of live!!!

Ssese Islands – Kalangala:

Meine Reise zu den Ssese Inseln begann an Heilig Abend um sieben Uhr in der Früh. Mein Fahrer Josef fährt mich in das 60 km entfernte Soroti. Von hier aus nehme ich den Fernbus der Fa. Kalkese nach Kampala. Die Reise in dem Bus ist keine Luxusreise und für die 350 km benötigt der Bus glatte zehn Stunden, aber dafür ist der Fahrpreis von weniger als sieben Euro unschlagbar günstig.

Es ist Weihnachten und der Bus ist entsprechend voll. Im Bus befinden sich mindestens so viele Hühner und Truthühner, wie Passagiere, denn es ist Weihnachten und man bringt seinen Braten gleich mit.

Gleich an der ersten Haltestelle werden uns wieder Hühner durchs Fenster angeboten. Unser Fahrer kauft sich ein schwarz weißes und verstaut es einfach hinter seinem Fahrersitz. Nach einem weiteren Stopp gesellen sich noch ein braunes und ein rot – weißes Huhn dazu, denn das gute Angebot konnte der Busfahrer sich nicht entgehen lassen und so verschwinden zwei weitere Hühner in seinem Fahrerraum. So manches Huhn hätte sich auch nicht träumen lassen, dass es sein letztes Ei mal in einem Bus legen würde.

Im Bus werde ich zuerst komisch angeschaut, erstens bin ich ein Muzungu und Muzungus reisen normalerweise nicht auf diese Art und zweitens, weil ich ein „Maschinengewehr,, in meinem Gepäck habe!? Der Irrtum klärt sich schnell auf, denn bei dem Maschinengewehr handelt es sich um meine Teleskopangel. Diese ragte ein Stück aus meinem Rucksack und sorgte somit für etwas Verwirrung unter meinen Mitreisenden. Maschenengewehre kennt man hier, aber Teleskopangeln nicht. Nach der Aufklärung dieses kleinen Missverständnisses muss ich meinem Sitznachbarn alles genau erklären.

Seine Augen leuchten! Er war von der kompakten Technik sichtlich begeistert!

Unsere Fahrt führt uns vorbei an einer atemberaubenden Landschaft und dem Lavagipfel des einst größten aktiven Vulkans der Welt, dem Mt. Elgon. Die Ausmaße seines Kegels messen an seiner Basis noch heute 50 mal 80 km und das obwohl er schon seit 10 Millionen Jahren nicht mehr aktiv ist. Die Ssese–Inseln sind eine Inselgruppe im Lake Victoria, dem zweit größten See der Welt. Die Inselgruppe besteht aus 84 Inseln.

Einige dieser Inseln sind bewohnt, einige nicht und zwei von denen sind sogar schwimmende Inseln. Die Inselgruppe liegt direkt am Äquator und ist nur mit Booten und Fähren zu erreichen.

Da die Anreise für mich zwei Tage dauert, plane ich noch eine Übernachtung in Kampala ein.

Am nächsten morgen mache ich mich auf die Reise zu den Inseln. Es regnet und das ich schlecht, denn für meine Fahrt in das 50 km entfernte Entebbe benutze ich Mututus (öffentlich Taxis welche immer total überfüllt sind) und Budabudas (Mopedtaxis).

Als ich an der Fähre ankomme, bin ich total verdreckt. Meine Schuhe und meine Hose sind rot gefärbt vom Schlamm der Straßen und meine Kleider stellen eine echte Herausforderung für Tante Klementine von Ariel dar. Ich glaube, die würde beim Anblick meiner Klamotten graue Haare bekommen, aber hatte sie die nicht schon unter ihrer schneeweißen Mütze!?

Am Hafen wird mir von der Überfahrt mit der öffentlichen Fähre abgeraten, denn diese sei stets überfüllt und zu langsam. Ich bekomme gegen einen geringen Mehrpreis, das doppelte als üblich, ein „Speedboat" angepriesen. Da die Überfahrt normalerweise fünf Stunden dauert und ich mir noch ein Zimmer suchen muss, stimme ich zu, denn Zeit ist ja auch Geld.

Auf dem See entpuppt sich das „Speedboat" als lahme undichte Nussschale, aus der einer der drei Mann starken Besatzung ständig Wasser schöpfen muss, aber wenigstens haben wir vor der öffentlichen Fähre ablegen können.

Auf dem See geht uns zweimal der Sprit aus und wir müssen mit Kanistern nachfüllen. Als der Motor nach einigem husten und stottern das dritte Mal ausgeht, schauen sich die drei Leichtmatrosen unserer Crew ratlos an, denn sie hatten nur zwei Ersatzkanister mit und somit treiben wir nun manövrierunfähig auf dem riesigen See umher. Ich könnte schreien!

Zum Glück hat die alte Holzfähre unsere prekäre Situation erkannt und hält geradewegs auf uns Schiffbrüchige zu. Wir sind dem Gelächter der normalen Fährgäste ausgeliefert, aber wir bekommen wenigstens etwas Sprit, so das wir es endlich auch mit unserem „Speedboat" schaffen, den sicheren Hafen zu erreichen, wo die anderen Fahrgäste schon auf uns warten.

Beim Anblick der Insel ist mein Ärger und mein Frust von der Überfahrt schnell vergessen, denn die Insel ist ein Traum! Die üppige Vegetation reicht bis zum Wasser und wird lediglich durch einen fünf bis acht Meter breiten Streifen aus weißem Sand getrennt. Im Wasser tummeln sich Kinder und die Erwachsenen spazieren am Strand entlang, oder trinken ein kühles Bier beim Sonnenuntergang. Das ist genau mein Ding, denn das will ich auch und zwar jetzt sofort!

Ich finde eine Unterkunft bei Louise. Eine nette Gastwirtin die kleine Holzhütten direkt am Seeufer vermietet. Die Unterkunft ist spartanisch, aber passend. Aus dem Wasserhahn der Dusche kommt nur schmutziges braunes Wasser, aber wenn man etwas länger wartet, kommt schmutziges warmes Wasser. Immerhin ein Fortschritt.

Zum Abendessen bereitet mir Louise einen traumhaften Fisch zu. Er ist mit das beste, was ich jemals gegessen habe und das entschädigt mich für vieles. Das Bier bei Ihr ist auch kalt und somit ist alles in allem o.k.!

Nach zwei Tagen Erholung bei Regen, miete ich mir am dritten Tag ein Quad und gehe auf Entdeckungstour über die Insel. Die Insel ist noch sehr ursprünglich und mit einer reichen Vegetation bedeckt. Die kleinen Ortschaften bestehen nur aus einer kleinen Anzahl von Holzhütten. Infrastruktur gibt es keine, welches die Insel noch sehr unberührt aussehen lässt. Auf meiner Quadtour begegne ich vielen winkenden Kindern am Straßenrand, die sich einfach freuen, wenn man ihnen im Vorbeifahren ein Lächeln schenkt und ihnen zurück winkt.

Als ich eine kleine Motorpanne habe, werde ich gleich von unzähligen Kindern umringt. Diese möchten den Muzungu und das Quad unbedingt mal aus der Nähe sehen und wenn möglich auch einmal anfassen. Als ich sie dazu ermutige, mal auf das Quad zu steigen, ist im Bruchteil einer Sekunde der Teufel los. Aus allen Büschen stürmen plötzlich Kinder herbei und von meinem Quad ist bald nichts mehr zu sehen, denn dieses ist unter den vielen Kinderleibern fast unsichtbar geworden. Ich habe auf meiner Reise zu den Ssese-Inseln noch viele nette Menschen kennen gelernt, mit denen ich schöne Stunden verbringen durfte. Die Nationalität, Religion, oder die Hautfarbe haben hierbei nie eine Rolle gespielt. Es ist schön zu sehen, wie viel schönes und neues man erlebt, wenn man auf Reisen ist und ein wenig offen auf die Menschen zugeht.

Der Chickencup:

Wenn es eine Sportart gibt, die die Menschen weltweit verbindet, dann ist es Fußball! Fußball spielt man in der ganzen Welt! In der Wüste, genauso wie in Grönland! Im Osten, wie im Westen und so auch hier.

Diesen Umstand wollte ich nutzen, um den Menschen hier in Lwala etwas Besonderes zu bieten und habe kurzer Hand mit Father Denis den 1. Lwala Cickencup ins Leben gerufen.

Fußballmannschaften kennt man hier zwar, aber keine Tourniere, wo verschiedene Mannschaften gegeneinander antreten, denn es mangelt einfach an allem: Umkleidekabinen, Trikots, Schuhe, ja selbst der Fußball selbst stellt hier ein Problem dar!

Father Denis und ich haben jeweils zwei Teams zusammengestellt. Seine beiden Teams bestehen aus jungen, trainierten Fußballmannschaften und meine Teams bestehen aus meinen Arbeitern. Seine Jungs spielen mit Fußballschuhen und Sportkleidung, meine Jungs spielen mit Arbeitskleidung, teilweise im Blaumann und Barfuss. Seine Spieler sind jung und meine Spieler könnten teilweise die Väter seiner Spieler sein und sind es teilweise sogar. Alles in allem sind die Karten sehr ungleich verteilt, aber meine Jungs sind Kämpfer. Bei einem Testspiel haben wir zwar 7:1 verloren, aber es war unser erstes Training und zum Schluss hin sind wir immer stärker geworden. Auch wenn wir verlieren sollten, so werden wir nicht kampflos aufgeben!

Das war der gestrige Tag!

Zum Chickencup selbst! Der erste Preis des Chickencups sind sechs lebende Hühner. Daher auch der Name! Der zweite Preis ist ein neuer Fußball im Wert von 80.000,- Schillinge (umgerechnet 23,- Euro, für die Menschen hier aber sehr viel Geld). Die Preisgelder werden jeweils zur Hälfte von Father Denis und von uns gestiftet.

Um den Cup interessanter zu machen, haben wir den vier Fußballteams und Ihren Spielern ausgefallene Namen gegeben. Die Namen der Teams sind: The Lwala Pistoles, the Atele Electrons, the Alepto Cowcoys und GED the German Evil Devils.

Die Spieler tragen Namen, wie: der Zauberer, der Stier, der Panzer, der schwarze Blitz, der Sandsturm, der Unsichtbare, usw., was den Leuten natürlich besonders gut gefallen hat!

Der große Tag ist gekommen! In ganz Lwala herrscht schon Aufregung. Es gibt kein anderes Thema mehr unter den Leuten, als den Fußballcup und die anschließende Unterhaltung! Mein Fahrer Josef und ich sind schon früh auf den Beinen, denn es muss viel vorbereitet werden! Wie gewöhnlich sind wir fast eine Stunde zu spät fertig mit allen Vorbereitungen, aber das ist hier in Afrika noch immer fast genau pünktlich. Nach einer heißen Ansprache durch die extra zusammen gebaute Lautsprecheranlage, wurden die Teams und die Zuschauer noch einmal angeheizt und das erste Spiel konnte beginnen. Die Alepto Cowboys traten gegen die Atele Electrons an. Die meisten meiner Arbeiter stammen aus Alepto und somit war klar, welches Team wir anfeuern würden. Leider musste unser Team trotz hartem Kampf und Einsatz aller Kräfte ein 3:1 einstecken. Unsere Euphorie war erst einmal dahin! Nach einer kurzen Pause folgte das Spiel zwischen GED (normal German Emergency Doctors) den German Evil Devils gegen die Lwala Pistoles. Der Fußballplatz, auf dem die Spiele statt fanden war eher eine ausgedorrte Wiese, als ein Fußballfeld. Die Zuschauer bildeten die Begrenzungslinien des Feldes und die Lienenrichter hatte ihre Mühe damit, die Menschenmenge ständig zurück zu drängen, denn natürlich wollte jeder in der ersten Reihe stehen, um dem Geschehen möglichst nahe beizuwohnen.

Da in Uganda im Moment Trockenzeit herrscht und es seit vier Wochen nicht mehr geregnet hat, ist das Spielfeld hart wie Beton. Trotz dieser schlechten Spielbedingungen spielten die meisten Fußballspieler barfuss, weil sie sich keine Schuhe leisten können. Aber ob die Spieler barfuss spielen, oder nicht, man erkennt keinen Unterschied, denn sie schenken sich nichts! Mir wird schon beim Zusehen mulmig! Ich hätte mir bereits nach fünf Minuten alle Zehen gebrochen!

Dann plötzlich fällt nach 15 Minuten das erste Tor! Es ist für unsere Mannschaft!

Ich muss Alfred dreimal fragen, ob das Tor für unsere Mannschaft ist und ob es gilt. Als er es jeweils mit einem ja beantwortet, wittere ich wieder Hoffung für unser zweites Team. Das Spiel wechselt die Fronten. Es tobt hin und her! Einwurf, Eckball, Freistoß, Schuss aufs Tor... Mein Blutdruck steigt ins unermessliche! Endlich! Es ist Halbzeit!

Die zweite Hälfte beginnt! Nach zehn Minuten werde ich eingewechselt. Das ist meine Zeit! Die Menge jubelt, als sie den Muzungu endlich auf dem Platz sieht! Es kommt zu meinem ersten Ballkontakt mit dem Gegner. Ich falle im Zweikampf zu Boden, aber ich kämpfe und trete und köpfe noch selbst in dieser schwierigen Situation nach dem Ball und es gelingt mir, den Ball wieder zu erlangen. Die Menge ist außer sich und grölt! Ich spiele noch fünf weitere Minuten mit, aber dann ist es genug des guten. Das Spiel tobt weiter und plötzlich ein Pfiff! Der Schlusspfiff!

Aus! Aus! Aus! Das Spiel ist aus! Ich frage Alfred ist das Spiel wirklich aus und haben wir gewonnen und er sagt nur breit grinsend: „JAAAAAA!" Wir sind im Finale! Wer hätte das geglaubt!? Wir sind jetzt schon die Sieger! Das Finalspiel verlieren wir zwar mit 3:1, aber das ist uns egal! Nur der eine Sieg zählt und wir gehen nicht als Verlierer vom Platz! Nein! Wir gewinnen sogar noch den zweiten Preis!

Nach dem Turnier erfolgt die Siegerehrung und dann gibt es Musik bis tief in die Nacht.

Die einzige Beleuchtung auf dem Platz ist unser großes Freudenfeuer und die Sterne Afrikas am Firmament. Die schwarzen Leider der Menschen vermischen sich mit deren Schatten, dem Schein des Feuers und dem Staub der ausgetrockneten Erde, die durch ihren wilden Tanz aufgewirbelt wird. Nadine und ich machen für die Kinder noch Würstchen am Stock und Stockbrot. Weil die Kinder so was hier nicht kennen sind sie so begeistert davon, dass wir auf einmal von Stöcken umzingelt sind. Jeder will ein Würstchen, oder wenigstens ein stück Teig zum backen ergattern. Es haben sich sogar ein paar Erwachsene unter all die Kinder gemogelt, aber die müssen leider leer ausgehen. Die Masse der Kinder ist so Groß, dass alle Würstchen und der ganze Teig in null Komma nichts vergriffen sind und viele Stöcke leer bleiben müssen. Leider!

Eins steht auf jeden Fall fest, Lwala wird diesen Tag so schnell nicht vergessen!

Der Bischof, oder prey, or brew!?

Der Tag meiner Abreise rückt immer näher und es wird Zeit für mich, Abschied zu nehmen.

Ich habe in meiner Zeit in Uganda viele neue Freunde gewonnen und viele sehr nette Menschen kennen gelernt.

So kam es, dass ich letzte Woche mal wieder zu einer Hochzeit eingeladen wurde.

Nach dem ich meine Arbeit beendet hatte, machte ich mich fertig für die Feier, denn ich war schon spät dran. Als ich bereits mit unserem Fahrer Josef unterwegs zu dem Fest war, erhielt ich plötzlich auf halber Strecke einen Anruf von meiner Kollegin. Diese sagte nur ganz aufgeregt zu mir: "Ingbert! Komm schnell zurück, der Bischof ist hier und möchte dich sehen!".

Ich musste noch einmal nachfragen, ob ich sie richtig verstanden habe, aber sie meinte nur: „Ja! Der steht hier mit seinem Gefolge auf deiner Baustelle und möchte dich sehen!"

Ich hatte bereits vor drei Monaten das Vergnügen Bischof Emanuel persönlich zu begegnen, aber damals hatte ich leider nicht die Zeit, seiner Audienz zu folgen, worüber ich mich im Nachhinein sehr geärgert habe.

Jetzt bekam ich eine zweite Chance und die wollte ich mir nicht nehmen lassen! Die Hochzeit musste warten!

Ich bat Josef mich auf direktem Weg zur Baustelle zu fahren, wo man auch schon auf mich wartete.

Bischof Emanuel war schon mit seinem ganzen Gefolge anwesend. Obwohl wir uns erst einmal gesehen hatten, fiel unsere Begrüßung sehr herzlich aus. Meinen Arbeitern, die noch mit Ihrer Tätigkeit im Gange waren, sah man die Aufregung von unserem hohen Besuch förmlich an. Wenn der örtliche Pfarrer kommt, ist es schon ein großes Ding, aber gleich der Bischof persönlich! Das ist schon was, dass man zu hause erzählen kann!

Ich führte Emanuel über die Baustelle und beantwortete seine Fragen. Er war von der Leistung meiner Arbeiter begeistert und er machte mich noch stolzer auf sie, als ich es ohnehin schon war.

Als wir unseren Rundgang auf der Baustelle abgeschlossen hatten, fragte ich Emanuel, what shall we do next!? Pray, or brew (beten, oder brauen)!? Er lachte mich an und hat sich dann für das Brauen entschieden und so beleitete er mich samt seinem Gefolge zu unserem nahe gelegenen Haus, wo wir uns ein kühles Bier genehmigten und bei kleinen Snacks noch eine lange Zeit zusammen saßen und uns über Gott und die Welt unterhielten.

Anschließend fuhr ich dann weiter auf die Hochzeit, wo man von der Audienz mit dem Bischof bereits gehört hatte und somit war ich natürlich für mein zu spätes Erscheinen von höchster Ebene „entschuldigt".

Das Schwein, die Ziege und die Hühner, oder von Einem der auszog:

Ich hatte schon immer den Wunsch, mich als Entwicklungshelfer zu betätigen, um den Menschen etwas Gutes zu tun und ich wollte Ihnen etwas von unserem Wohlstand abgeben.

Meine ersten Wochen in diesem fernen, fremden Land waren ein Schock und ich wollte so schnell wie möglich wieder nach hause, denn alles war fremd, so anders und einfach nur ein kultureller Schock. Ich wusste nicht, ob ich das richtige tat und ob das Ganze und die ganzen Entbehrungen überhaupt einen Sinn machen und wie die Menschen mich hier in ihren Augen sehen.

Meine erste Bestätigung, dass ich das Richtige tue bekam ich, als mir Pastor Samba bereits vier Wochen nach meiner Ankunft als Zeichen seiner Dankbarkeit ein lebendiges Huhn schenkt hat.

Dieses Huhn erhielt von mir den Namen Rita, weil das Huhn schwarz ist und irgendwie wie unsere Köchin Rita aussieht. Dieses Huhn Rita steht nun ganz unter dem Schutz unserer Köchin und ich werde Ihr das Huhn zu meinem Abschied schenken. Meinem Huhn Rita folgten noch zwei weitere, was mich persönlich mit sehr viel Stolz erfüllt hat, aber das sollte nicht das Ende sein!

Während meinen sechs Monaten in diesem Land bin ich mehr und mehr mit dem Land und den Menschen verschmolzen. Ich ließ mich treiben in meiner Arbeit, der Landschaft und deren Kultur und saugte alles in mir auf. Ich arbeitete mit meinen Jungs Seite an Seite. Grillte mit Ihnen, fuhr raus zum Fischen und abends saßen wir oft zusammen mit Ihnen am Lagerfeuer.

Afrika! Dieser Kontinent hat etwas magisches an sich und wer sich auf diese Magie einlässt wird mit ihr davon gerissen.

Ich habe hier so viele liebe und tolle Menschen kennen gelernt. Viele Menschen, ohne höhere Schulbildung, aber mit viel Herz und viel Humor.

Eine besonders intensive Freundschaft entwickelte sich in meiner Zeit in Lwala zwischen dem örtlichen Pfarrer Denis und mir. Vor ein paar Wochen, als Denis und ich wieder einmal bei uns am Lagerfeuer saßen und zusammen grillten, versprach er mir zum

Abschied ein Spanferkel zu schenken. So kam es dann, dass an meinem letzten Samstag in Lwala, als ich meine Abschiedsparty machen wollte, plötzlich vier Männer mit einer Schubkarre hinter unserem Haus erschienen, in der ein riesiges totes Schwein lag. Dieses Schwein war kein Spanferkel, sondern eine riesige ausgewachsene Sau! Vor den verwunderten Augen der Anwesenden, begann ich sogleich damit, dieses riesige Schwein mit meiner Machete zu zerlegen. Hierbei kam mir zu gute, dass ich auf einem kleinen Bauernhof aufgewachsen bin und einiges über die Anatomie von Schweinen weiß. Als das Schwein zerlegt war, lag ein riesiger Berg von Fleisch vor mir, mit dem ich meine Partygäste beköstigen konnte und es blieb noch viel zum verschenken übrig. Kurz vor meiner Abreise bekam ich dann auch noch von dem Oberarzt der Klinik eine große, schwarze, lebendige Ziege geschenkt. Ich war überwältigt! Mit all der Liebe, Höflichkeit, Dankbarkeit und Anerkennung hätte ich nie gerechnet. Die Menschen hier haben mir gezeigt, wie wichtig meine Arbeit für Sie war und wie sehr sie mich schätzten. Ich habe von den Menschen in Lwala mehr bekommen, als ich Ihnen geben konnte und so wurde ich zu Jemandem, der auszog, um was Gutes zu tun, aber im Gegenzug so viel Gutes bekommen hat. Da ich die Ziege leider nicht mit in das Flugzeug nehmen konnte, landete diese an meinem letzten Abend in Lwala auch noch auf dem Grill.

Die sieben Geißeln Afrikas, oder Gottes vergessener Kontinent

Ich habe mehrere Monate in Afrika verbracht und hatte viel Zeit zum Nachdenken und zum Philosophieren.

Ich habe viele Länder dieser Welt sehen dürfen und ich habe fast jeden Kontinent bereist und viele von Ihnen mehrmals, aber keiner hat es mir so angetan, wie dieser! Afrika! Seine Vielfalt, seine Größe, seine Kulturen und seine Völker sind so zahlreich, wie die Sterne am Firmament. Aber wo viel Licht ist, da ist auch viel Schatten.

Afrika ist Gottes vergessener Kontinent und er wird von sieben Plagen gegeißelt, welche die Menschen hier überall zu erleiden haben.

Ich habe mir Gedanken über sie und Ihre Lösung gemacht, denn ich war hier täglich mit Ihnen konfrontiert.

Die Erste Plage ist Unwissenheit
Die Menschen hier sind fleißig und sie arbeiten hart. Schon die kleinen Kinder müssen oft schwer mit schuften und wenn ich von schuften schreibe, dann meine ich schuften!
Ich habe Kinder in Steinbrüchen Steine brechen sehen. Ich habe Kinder bei der schweren Feldarbeit gesehen und jeden Tag sehe ich Kinder Wasserkanister schleppen, die oft mehr wiegen, als sie selbst.

Die Menschen hier sind fleißig, aber nicht sehr gebildet. Das Schulsystem ist mangelhaft und Förderungen gib es keine.
Bildung ist der Grundstock von allem! Ausbildung, Beruf, Demokratie, Gesundheit und Friede!

Die Zweite Plage ist der Kinderreichtum
Kinder sind hier überall! Die Bevölkerung explodiert förmlich! 8–15 Kinder sind hier keine Seltenheit, sondern oft Realität.
Die Kirche predigt das Verbot der Verhütung und was die Kirche predigt ist hier Gesetz. Also wird fleißig reproduziert! Aufklärung gibt es keine und Verhütung auch nicht und wenn es Sie gibt, kann sich keiner Verhütungsmittel leisten.
Aufklärung und Geburtenkontrolle sind mit maßgebend, um einer Verarmung entgegen zu wirken.

Die dritte Plage: ist Armut
Die Menschen hier haben nichts. Ich kann noch nicht mal sagen, dass sie nichts haben, außer ihren Kleidern, die sie tragen, denn es sind oft keine Kleider mehr, sondern nur noch ein Fetzen aus einem schmutzigen Stück Stoff, durch den der Wind pfeift.
Grundlage der Armut sind der Kinderreichtum und die mangelnde Schulbildung. Alle drei Plagen bilden einen Teufelskreis, mit der die eine Plage die anderen nährt und umgekehrt.

Die vierte Plage: sind Kriege und regionale Konflikte
Afrika ist ein Kontinent mit vielen verschiedenen Ländern, Völkern, Sprachen und Kulturen.
Alleine in Uganda spricht man 40 verschiedene Sprachen und Dialekte und es gibt viele verschiedene Volksgruppen. Diese Volksgruppen wurden durch die Kolonisierung wahllos zusammen gefügt, oder getrennt. Neue Grenzen wurden mit einem Lineal auf dem Reißbrett gezogen, ohne Rücksicht auf die dort lebenden Volksgruppen und deren Kultur zu nehmen. Hierdurch waren zukünftige Konflikte bereits vorprogrammiert und reichen bis in die heutige Gegenwart.

Die fünfte Plage sind Insekten.
Insekten trifft man in Afrika überall und in allen Variationen und Größen an. Von winzig klein (fast unsichtbar), bis richtig große! Das Problem ist aber nicht deren Größe, sondern das sie dann gleich in riesigen Scharen auftreten. Heuschrecken vernichten die Ernten ganzer Landstriche. Wenn man ein Stück Holz auf dem Boden liegen lässt fallen innerhalb von zwei Tagen Termiten darüber her und ein paar Tage später ist es ganz weg. Ich selbst wurde Opfer zweier Angriffe durch Ameisen und ich war so gut wie machtlos, denn die Übermacht der Angreifer war einfach zu groß! Auch habe ich miterlebt, dass Häuser, welche aus Ziegeln erbaut wurden komplett von Termiten vernichtet wurden, so dass wir diese abreißen mussten. Mir kommt es vor, als sei dieser ganze Kontinent ein riesiger Schweizer Käse mit vielen unterirdischen Löchern, voller Ameisen und Termiten.

Die sechste Plage sind die Krankheiten
Als wären die Menschen hier nicht schon genug durch die zuvor genannten Plagen gepeinigt, so kommen noch die ganzen Krankheiten hinzu, die eine Geisel für alle Menschen in Afrika bedeuten. Krankheiten wie Malaria, Ebola, Malburgfieber und die Schlaf-

krankheit kommen fast nur hier vor und die Menschen sind ihnen oft machtlos ausgeliefert. Das ist auch der Grund, warum ich mich für diese Projekt entschieden habe. Mir begegnen fast täglich Freunde, die Familienmitglieder haben, die von Malaria betroffen sind, oder oft sind sie es selbst, die betroffen sind, weil sie sich keinen ausreichenden Schutz leisten können.

Die siebte und schlimmste Plage von allen ist HIV, oder AIDS
Diese Plage ist die siebte und schlimmste von allen, denn diese Plage hat die ganze Welt und ganze Gesellschaftsschichten verändert.

Eine Infektion mit dem Humanen Immunschwächevirus (HIV) ist die Ursache für Aids. Wenn das Virus den Körper so sehr schwächt, dass es dem Immunsystem schwer fällt, Infektionen zu bekämpfen, spricht man von Aids.

Das schlimme an dieser Infektion ist, dass man sie nicht sehen kann und es keine Impfung und keine Profilachse gegen sie gibt.

Die Infektion ist das erste Mal in Afrika aufgetreten und hat hier viele Kinder in ganzen Landstrichen zu Weisen werden lassen. Uganda ist und war besonders schlimm davon betroffen.

Heute wird viel Aufklärungsarbeit betrieben, aber die HIV Rate ist noch immer erschreckend hoch!

Danksagung:

Meine Danksagung gilt allen Menschen Ugandas, die mich so herzlich in Ihrem Land aufgenommen haben und mich an ihrer Kultur teilhaben lassen. Mein besonderer Dank gebührt meinen Mitarbeiten Tasneem, Nadine, Eva und Katrin, welche zusammen mit mir in diesem Projekt waren und jeden Tag bis an Ihre Grenzen gearbeitet haben und meinen vielen neuen Freunden in Lwala.
Father Denis und Father Simon, mit denen ich so oft am Lagerfeuer gesessen und gegrillt habe. Josef unser Fahrer. Der Schrecken aller Speedguns. Geoffrey meinem Vorarbeiter. Livingstone, der mich mit seinem Lachen immer erheitert hat. Pastor Samba und Simon, welche mich in Ihren Clan aufgenommen haben. Sister Gilda, die Leiterin des Krankenhauses. Rita unsere Köchin, die jeden Tag mit ihrem Hund Simba in die Kirche gelaufen ist, um für uns alle zu beten und all den vielen Anderen!!!

Zur Entwicklungshilfe:

Ein großes Problem für die Entwicklungshilfe stellt die allgegenwärtige Korruption dar. Diese beginnt beim kleinsten Dorfpolizisten und reicht bis zum Höchsten Rang in der Regierung. Viele Gelder versiegen in dunkeln Kanälen, bevor sie die Hilfsbedürftigen erreichen.
Ein weiters Problem sind die Spenden an sich.
Es werden hochwertige Sachwerte gespendet, welche vor Ort aber nicht eingesetzt werden können, weil sie zum Beispiel den falschen Stromanschluss haben (110 Volt, anstelle von 220 Volt), weil Kleinteile fehlen, die nicht nachgeliefert wurden, oder weil einfach das geschulte Personal fehlt, um diese komplexen Geräte zu bedienen.
Ist etwas Kleines kaputt, ist keiner da, der es reparieren kann und die Ersatzteile gibt es nur im Ausland, also wird dieses Gerät irgendwo zwischengelagert, bis es dann irgendwann entsorgt wird.
Die Organisation, mit der ich in Uganda war hat kleine Einsatzgruppen in der Stärke von drei bis vier Mann vor Ort, die sich erst ein Bild über die Lage verschaffen und dann beraten, welche Hilfsgüter nötig sind und angefordert werden müssen. Durch diese Vorgehensweise werden die Personalkosten gering gehalten und es wird nur das angefordert, was auch wirklich gebraucht wird. Trotz allen Problemen bin ich von dem Projekt Entwicklungshilfe überzeugt und würde es wieder tun, denn die Menschen dort brauchen uns und wenn wir nicht zu ihnen gehen um dort etwas zum Guten zu verändern, werden wir eine Völkerwanderung erleben, wie sie Welt die noch nicht gesehen.

Der Sturm auf den gelobten Kontinent Europa hat bereits begonnen, aber das was wir zur Zeit in den Medien sehen, ist erst der Anfang……